Le sorcier et la prison

Violence et Société

Collection fondée et dirigée par Michel K. GBAGBO

Cette collection a la volonté de publier des ouvrages traitant de la violence et de la criminalité dans les sociétés d'Afrique de l'Ouest. Elle mobilise des disciplines aussi complémentaires que la politologie, le droit, l'anthropologie, la sociologie et la psychologie. Dans la continuité de l'école française, elle s'inspire des travaux pionniers d'Alain Sissoko, ou de la recherche d'Adrien Bassitché sur « La criminalité à Abidjan ». Les phénomènes étudiés puisent dans l'actualité et concernent aussi bien la déviance et la société que l'appartenance et la résistance aux sectes, la dangerosité psychiatrique, la criminalité culturelle, les relations amoureuses en prison, la prostitution, l'hypersexualisation des mineures, la violence politique, les agressions dans les transports en commun ou la criminalité transfrontalière.

Dernières parutions

Joseph BEOGO, C*rise sécuritaire et éducation au Sahel. Contribution des politiques éducatives pour une résilience scolaire*, 2025.

Michel K. GBAGBO, *Psychopathologie et criminologie*, 2025.

Casimir ZADY, *Une jeunesse en perdition. De la rue à la prison*, 2025.

Michel K. GBAGBO, *Perversions, violences, influences et emprise*, 2024.

Denis BROU KONAN, *Parents, pouvons-nous prévenir la toxicomanie chez notre enfant ?* 2024.

Béré David KOMONO, *A propos du sous-développement en Afrique.Effets pervers de la conquête européenne,* 2024.

Nébi Raymond Atheal Bazaré

Le sorcier et la prison

Quand la sorcellerie défie la justice moderne

Préface de Michel Koudou Gbagbo

L'Harmattan

5-7, rue de l'École Polytechnique, 75005 Paris
http://www.editions-harmattan.fr
ISBN : 978-2-336-54992-7
EAN : 9782336549927

À Monsieur le Principal Egmen,
mes hommages !

REMERCIEMENTS

La rédaction de cet ouvrage s'est révélée être un cheminement à la fois intime et partagé — une traversée intérieure ponctuée d'intuitions, de silences féconds, de dialogues nourris et de présences, visibles ou invisibles, qui ont alimenté ma pensée et soutenu mon élan.

Je tiens d'abord à réparer une omission regrettable. Lors de la première édition de *La Sorcellerie face à l'État*, un nom fondamental n'avait pas été mentionné : celui de mon oncle Krigbo Seïko Paulin. Ce livre lui est désormais dédié comme un témoignage de reconnaissance sincère et un geste d'apaisement face à une douleur dont je n'avais pas pleinement saisi la portée. Que ces mots traduisent mon estime renouvelée et mon affection filiale.

Ma gratitude va ensuite à M. Akadji Ahipo André et à sa famille, qui furent ma seconde famille dans ce parcours.

Je rends un hommage plein d'amour à la mémoire de mon père, feu Krigbo Bazaré Daniel, et à ma mère Galé Marthe, dont l'amour constant m'a toujours porté. À mon épouse, Christelle Bolou, complice silencieuse de mes longues nuits d'écriture, ainsi qu'à toute ma belle-famille pour leur soutien discret mais inestimable.

Je remercie chaleureusement l'ensemble des membres de l'Organisation Pour la Connaissance (OPC). Chacun, à sa manière, m'a transmis une énergie, une remarque, un regard qui ont façonné cet ouvrage. Je m'abstiendrai de toute liste pour ne froisser aucun cœur, mais je pense affectueusement à maman Meylint Dion et au frère Thorpez.

À mes maîtres, les Professeurs Alain Sissoko, Koudou Opadou et Dédi Séri Faustin, je tiens à exprimer ma reconnaissance pour l'exigence et la bienveillance de leurs enseignements.

Un remerciement tout particulier à l'honorable Professeur Michel Koudou Gbagbo pour sa préface inspirante et son précieux accompagnement dans mes projets d'écriture.

À Papa David Bado, pour sa sagesse constante et ses soutiens de tous ordres.

À mes proches — frères, sœurs, cousins, cousines, tantes, oncles — merci d'avoir formé le terreau familial d'où a germé cette pensée.

À mes enfants, nièces et neveux : Ahipo Martial, Victoire Dallo, Marthe Trésor, Elvira Daniella, Esther, Gémima, Dany. Vos rires, vos voix et parfois vos silences ont été la plus douce des musiques de fond de cette création.

Je salue avec respect mes disciples — docteurs et doctorants — pour leurs échanges éclairants et leur passion contagieuse pour la recherche : Dr Adou Aguiri Denis, Dr Anet Akessé César, Dr Guehi Klé, Gbatey Guy Stéphane (doctorant), Dr Konaté Souleymane, Guy Ulysse N'Guessan (doctorant), et bien d'autres encore, compagnons de route et d'idéal.

Enfin, à mon frère et ami Hermann Crizoa, Président du Conseil d'Administration du Réseau Africain pour le Développement de la Criminologie (RADEC), dont la vision et l'engagement m'inspirent à chaque étape.

À la CNEC, pour sa rigueur et son efficacité dans le combat syndical des enseignants-chercheurs.

Mes sincères remerciements au décanat de l'UFR Criminologie de l'Université Félix Houphouët-Boigny d'Abidjan — particulièrement au Doyen Ballo Yacouba, ainsi qu'aux secrétaires Lydie et Miss Cissé.

Enfin, à celles et ceux que je n'ai pu nommer mais qui se reconnaîtront entre les lignes, recevez ces mots comme un témoignage d'estime : ce livre est aussi le vôtre.

PRÉFACE

Ce second ouvrage de l'auteur consacré aux liens entre sorcellerie et criminalité s'inscrit dans la continuité de ses réflexions entamées dans son précédent livre, *La sorcellerie face à l'État*. Sa rédaction a été suscitée par une interpellation du Principal Egmen de l'Organisation Pour la Connaissance (OPC), qui a invité l'auteur à approfondir l'analyse de ses premières recherches à travers un exercice critique structuré.

Cinq questions fondamentales lui ont alors été posées dans le cadre de cet exercice, orientant son travail vers une ré-élaboration théorique et réflexive :

1. Quelle est la thématique centrale de votre ouvrage et quel en serait un résumé synthétique ?
2. Quelle compréhension personnelle en avez-vous développée en tant que membre actif de l'OPC ?
3. Quelle valeur ajoutée, quel produit intellectuel final votre ouvrage apporte-t-il ?
4. Quelles pistes de solution envisagez-vous pour prévenir l'usage de la sorcellerie à des fins criminelles, telles que présentées dans votre livre ?
5. Quelles recommandations proposez-vous au lecteur afin qu'il puisse se détourner, le cas échéant, de toute implication personnelle dans la sorcellerie à visée criminelle ?

À l'issue de cet exercice intellectuel proposé par le Principal Egmen de l'OPC, l'auteur a pris conscience, d'une part, de la profondeur insoupçonnée de son propre ouvrage, *La sorcellerie face à l'État*, qu'il redécouvrait sous un nouveau jour. Cette relecture lui a permis d'en dégager une piste juridique claire face à la problématique de la sorcellerie. D'autre part, cette mise à l'épreuve a révélé les limites de son travail initial, notamment l'absence de réflexions approfondies sur les modalités concrètes de traitement et de resocialisation du Sorcier Coupable de Prédation Sorcellaire (SCPS). Il manquait en effet une approche plus fine, articulée autour des dimensions mentales et spirituelles à considérer sur le plan individuel, mais aussi des dynamiques à initier dans l'environnement social immédiat du sujet.

C'est à partir de cette prise de conscience que l'auteur a entrepris de nouvelles recherches, s'engageant sur des terrains jusque-là peu explorés dans sa démarche. Les formations suivies au Centre Ishborn de Divo, en Côte d'Ivoire — cours, séminaires, rencontres spécialisées — ont progressivement orienté son regard vers le service d'audition de l'OPC. Par ailleurs, grâce à des autorisations officielles, il a pu séjourner dans plusieurs établissements pénitentiaires, où il a eu l'occasion d'observer et de dialoguer avec des détenus reconnus coupables d'actes de sorcellerie, souvent à travers des aveux ou des rituels tenus pour probants.

L'ouvrage qui en découle, *Le sorcier et la prison*, s'inscrit comme une suite organique au précédent, venant combler ses lacunes et enrichir la réflexion sur les liens complexes entre criminalité et pratiques mystiques. Dans le champ littéraire contemporain, ce livre se distingue par l'originalité de son propos : il articule les questions de pouvoir, de liberté et de condition humaine en intégrant une figure taboue — celle du sorcier — au sein même de l'institution carcérale. À une époque où l'écriture se doit d'interroger les formes d'oppression et de répression sociétales, cette œuvre pose un regard lucide sur les implications psychiques et sociales de l'enfermement, tout en explorant la portée symbolique du mysticisme.

En opposant la figure du sorcier — détenteur d'un savoir occulte et marginalisé — aux murs de la prison, l'auteur fait émerger une métaphore puissante : celle d'une résistance souterraine à l'autorité, d'une lutte silencieuse contre les dispositifs de domination. Le sorcier devient ainsi un symbole : non plus simplement du mal ou du crime, mais de cette part irréductible de l'humain qui échappe à toute normalisation.

En définitive, *Le sorcier et la prison* s'impose comme une contribution essentielle à la compréhension des logiques de pouvoir, des dynamiques de stigmatisation et de la complexité de l'âme humaine. Loin d'un simple constat, le livre - de propositions - est une invitation à penser autrement la société, ses marges, et les frontières mouvantes entre justice, croyance et dignité.

Nous remercions chaleureusement l'auteur pour la confiance qu'il nous a témoignée en nous confiant la préface de ce second ouvrage.

Cordialement,

M. Michel Koudou Gbagbo,
Maître de Conférences en psychologie.

AVANT-PROPOS

UN PEU D'HISTOIRE

La sorcellerie, phénomène profondément ancré dans l'histoire humaine, a souvent été liée aux systèmes judiciaires de diverses cultures. Ce lien historique entre la sorcellerie et le système pénal témoigne des peurs sociétales et des croyances populaires qui ont marqué les époques. La perception des sorcières et sorciers variait considérablement, allant de la vénération à la persécution, illustrant ainsi la complexité de la condition humaine. La peur de l'inconnu a joué un rôle crucial dans la manière dont les sociétés ont traité ceux soupçonnés de pratiques occultes. En explorant cet aspect, nous découvrons comment ces croyances ont façonné des lois et des pratiques judiciaires souvent cruelles.

Contexte historique de la sorcellerie et son lien avec le système pénal

Tout au long de l'histoire, la sorcellerie a souvent été perçue comme une menace pour l'ordre social. Les autorités ont utilisé des accusations de sorcellerie pour maintenir le contrôle et justifier des actes répressifs. Les lois contre la sorcellerie évoluaient en fonction des contextes politiques et sociaux, reflétant ainsi les préoccupations de chaque époque. L'existence de tribunaux spécialisés dans les affaires liées à la sorcellerie souligne également la gravité avec laquelle ces accusations étaient prises. En définitive, ce lien entre sorcellerie et justice révèle les dynamiques de pouvoir à l'œuvre dans les sociétés.

Croyances populaires sur la sorcellerie à travers les siècles

Les croyances populaires entourant la sorcellerie ont persisté depuis des siècles, alimentant la peur et la suspicion. Au Moyen Âge, les sorcières étaient souvent associées au diable, exacerbant ainsi les croyances religieuses et spirituelles. Ces conceptions ont été renforcées par des événements historiques et culturels, rendant le sujet encore plus complexe. Les rituels et les superstitions liés à la sorcellerie ont persisté, créant une atmosphère où les accusations pouvaient facilement se propager. Cela a conduit à une stigmatisation des individus généralement perçus comme différents ou marginaux.

Impact sociétal de l'accusation de sorcellerie sur les individus et les communautés

Les conséquences sociétales des accusations de sorcellerie étaient souvent désastreuses, tant pour les individus que pour les communautés. Accuser quelqu'un de sorcellerie entraînait non seulement une stigmatisation personnelle, mais affectait également les relations sociales au sein des villages ou des villes. Les disputes personnelles pouvaient facilement dégénérer en accusations de sorcellerie, exacerbant les tensions communautaires. De plus, les communautés pouvaient voir leur dynamique perturbée par des procès qui attisaient les passions et exacerbaient des conflits sous-jacents. Cela a entraîné des divisions durables et une méfiance généralisée entre des membres de communautés.

Les procédures judiciaires et les peines associées aux sorciers et sorcières

Les procédures judiciaires entourant les procès en sorcellerie étaient souvent marquées par de graves abus de pouvoir. Les accusés faisaient face à des méthodes d'interrogation brutales, souvent sans preuves solides contre eux. Les peines étaient souvent sévères, comprenant l'emprisonnement, la torture et même la mise à mort. Ces injustices judiciaires alimentaient les craintes et les croyances entourant la sorcellerie, tout en renforçant le pouvoir des autorités. Les procès étaient souvent des spectacles publics, ce qui ajoutait à l'horreur de la situation et aux souffrances des accusés.

Études de cas célèbres de procès en sorcellerie et les conséquences pour les condamnés

Tout au long de l'histoire, plusieurs procès en sorcellerie ont laissé une empreinte indélébile dans la mémoire collective. Des cas célèbres, comme ceux de Salem, illustrent les conséquences tragiques de l'hystérie collective. Les condamnés, souvent innocents, ont subi des persécutions injustes, et leurs histoires révèlent les dangers des accusations non fondées. Ces événements ont également conduit à des changements juridiques et sociétaux, interrogeant la légitimité des procédures judiciaires. L'examen de ces cas met en lumière les erreurs judiciaires graves qui peuvent survenir dans un contexte de peur et de méfiance.

Répercussions durables sur la perception de la justice et du crime dans le cadre de la sorcellerie

Les procès en sorcellerie ont eu des répercussions durables sur la façon dont la justice est perçue. Ces événements ont soulevé des questions sur l'équité des systèmes judiciaires et ont mis en évidence les vulnérabilités humaines. La sorcellerie a souvent été utilisée comme une métaphore pour discuter des injustices à travers les siècles. Ces répercussions continuent d'influencer les débats contemporains sur les droits de l'homme et la justice pénale. En fin de compte, la sorcellerie, en tant que sujet complexe, demeure un miroir des craintes et des préjugés de chaque époque.

INTRODUCTION

Au centre de la sorcellerie prédatrice, il y a l'Homme, la vie et la Nature ou l'Univers.

L'Homme en tant que triade et qui se réalise dans deux champs (l'un physique et l'autre spirituel), mène, en réalité, une double existence : une vie spirituelle (immatérielle) et une vie physique (matérielle). Il se sert de la Nature, de ses composantes et de ses lois, ainsi que de ses interactions avec elle pour mener avec succès ses actions autant bienfaisantes que déviantes.

Dans le cas de la déviance sorcellaire qui intéresse ce livre, la réaction sociale « moderne » conduit le plus souvent le sorcier en prison, s'il a pu échapper au lynchage mortel par ses concitoyens ruraux. D'où l'intérêt pour nous d'analyser le rapport « Sorcellerie et emprisonnement » pour appréhender l'impact de l'incarcération sur la vie, l'activité et le devenir du sorcier prédateur détenu pour crimes et délits de sorcellerie.

La place de ce dernier est-elle dans nos prisons classiques, voire ordinaires ? Probablement, non.

Que faire dans ce cas puisque « canaliser le sorcier et ses opérations délinquantes » s'impose. Il faut le sanctionner (punir) d'une part, et le désarmer (prévenir), d'autre part.

L'étude vise donc à proposer un procédé concret pour canaliser le sorcier prédateur et ses activités délinquantes. Comment le punir ? Comment le désarmer ? Comment le réconcilier avec la société globale pour une saine collaboration ?

Ce sont là les questions essentielles auxquelles ce livre espère apporter des réponses.

La problématique centrale de cet ouvrage repose sur la question suivante : comment les dynamiques de pouvoir et de contrôle s'articulent-elles autour de la figure du sorcier et de l'univers carcéral ? Cette interrogation nous conduit à examiner les mécanismes de domination qui soumettent l'individu, tout en tenant compte des enjeux culturels et sociopolitiques contemporains.

Le thème du sorcier et de la prison est fascinant, engendrant des réflexions profondes sur la liberté, le pouvoir et la moralité. Dans de nombreux récits fantastiques, le sorcier est souvent représenté comme une figure complexe, à la fois créatrice et destructrice. Sa capacité à manipuler les forces magiques peut le conduire à agir pour le bien ou au contraire, à sombrer dans la malveillance.

La prison, quant à elle, symbolise l'oppression et la perte de liberté, mais elle peut aussi être perçue comme un lieu de rédemption. Dans cette analyse, nous explorons comment ces deux éléments interagissent dans la littérature et la culture, à travers des exemples significatifs, montrant que la magie et l'incarcération ne sont pas uniquement des dispositifs narratifs, mais aussi des métaphores puissantes pour des luttes internes et sociales.

D'un côté, le sorcier incarne le potentiel humain à transcender les limites de la réalité, à explorer des dimensions inconnues et à imposer sa volonté à l'univers. D'un autre, la prison représente les contraintes institutionnelles à cette libre volonté, que ce soit par des lois imposées ou par la répression des actions du sorcier lui-même. Cette dualité soulève des questions essentielles : un sorcier peut-il être condamné pour ses actes, même s'ils résultent de sa nature ou de ses pouvoirs surnaturels ? La prison n'est-elle pas, dans certains cas, un endroit où la corruption ou la révolte se manifestent encore plus fortement ?

En scrutant ces interactions, nous mettons en lumière non seulement la tragédie personnelle du sorcier enfermé, mais également la réflexion sociopolitique sur l'autorité, la justice, et la nature humaine. Ainsi, à travers cette analyse, nous tentons de développer une compréhension nuancée des implications de cette dynamique entre le sorcier et la prison.

En somme, le motif du sorcier et de la prison représente une lutte entre la liberté et les contraintes imposées, tant par soi-même que par la société. Au fil des siècles, les récits qui intègrent ces thèmes ont mis en lumière des dilemmes moraux profonds et des réflexions sur le pouvoir et la responsabilité. Que ce soit à travers des œuvres de fiction ou des récits mythologiques, l'interaction entre la magie et l'incarcération nous permet d'explorer des dimensions psychologiques et sociales de l'être humain. Ainsi, le sorcier, à la fois héros et anti-héros, incarne-t-il une tension dramatique qui résonne avec notre propre compréhension de la liberté et de ses limites dans la société actuelle. La richesse de ce sujet dépasse largement les frontières de la littérature pour toucher à des questions essentielles de solidarité, d'éthique, de nature humaine.

Pour structurer notre analyse, nous aborderons dans un premier temps la prison, non seulement comme un lieu de détention, mais également comme un espace symbolique chargé de significations profondes. Ensuite, nous explorerons la thématique du pouvoir à travers le prisme du sorcier, en tant qu'incarnation d'une résistance culturelle face au système dominant. Et enfin, nous verrons comment ces deux éléments interagissent pour enrichir notre compréhension des réalités sociales et personnelles de l'être humain.

CHAPITRE 1

LA PRISON, UNE RÉALITÉ À CONNAÎTRE

I. LE MILIEU CARCÉRAL : UN APERÇU COMPLET

Le système carcéral a considérablement évolué depuis ses origines, passant de la simple application de punitions corporelles à une complexe institution sociale ayant pour objectif la réhabilitation. Le contexte historique des prisons révèle une transformation majeure dans la manière de percevoir et de traiter les détenus. Cette évolution est le reflet des changements sociaux et des avancées en matière de droits humains.

1. La vie quotidienne en détention

La vie en prison est marquée par divers défis, tant sur le plan psychologique que physique. Les conditions de vie, souvent précaires, ainsi que les interactions sociales limitées, peuvent considérablement affecter le bien-être des détenus. Par ailleurs, certains programmes de réhabilitation tentent d'offrir des perspectives d'avenir et de réinsertion sociale, bien que leur accessibilité et leur efficacité puissent varier.

2. Conditions de vie en détention

La qualité de l'hébergement et de la nourriture en milieu carcéral varie largement, impactant directement le bien-être des détenus. Les interactions sociales, qu'elles soient conflictuelles ou soutenantes, contribuent également à façonner l'environnement carcéral. Ces aspects quotidiens de la vie en prison sont fondamentaux pour comprendre l'expérience carcérale dans sa globalité.

Que retenir des conditions de vie des sorciers détenus en lien avec leur gestion de la magie ?

Dans le monde magique, la question des conditions de vie des sorciers détenus revient régulièrement sur le tapis. En effet, la gestion de la magie en prison soulève des interrogations fascinantes et parfois inquiétantes. Que retenir des conditions de vie des sorciers détenus et de la manière dont leur magie est gérée en détention ? L'examen de cette question est crucial.

Les conditions de vie des sorciers en détention varient considérablement, mais sont généralement conçues pour neutraliser leur capacité à pratiquer la magie.

Conditions de vie des sorciers en détention

La majeure partie des prisons sont très peu accueillantes. Les sorciers y sont souvent isolés, leurs pouvoirs réduits à néant par des sortilèges de sécurité. Les cellules sont exiguës, mal éclairées et parfois même désenchantées pour empêcher toute forme de magie. Cette réalité peut entraîner des effets psychosociaux notables : la frustration et le désespoir peuvent mener à des comportements imprévisibles, rendant la gestion de la situation délicate pour les gardiens.

Gestion de la magie en prison

La gestion de la magie en prison est un sujet complexe qui prête à controverse. Les « autorités magiques » doivent établir un équilibre entre la sécurité des détenus et celle des gardiens, tout en préservant une forme de dignité humaine. Les méthodes de contrôle de la magie, selon des enquêtes, incluent l'utilisation de bracelets enchantés, qui rendent les sorts incapables de passer, ou des incantations spéciales qui bloquent les capacités magiques des détenus.

Cependant, il existe aussi des programmes de réhabilitation qui encouragent l'utilisation de la magie d'une manière bénéfique. Ces programmes visent non seulement à occuper les sorciers, mais également à leur enseigner des compétences pour leur réinsertion dans la société. Des cours de gestion de pouvoir magique, de loi magique, et même de thérapie magique sont proposés afin de transformer leur expérience en prison en une opportunité d'apprentissage.

État des lieux et perspectives d'avenir

En analysant les conditions de vie des sorciers et la gestion de leur magie en prison, un constat s'impose : bien que des efforts aient été faits pour améliorer le cadre de vie des détenus, il reste encore beaucoup à faire. La stigmatisation des sorciers prisonniers peut trop souvent mener à des abus et à des négligences, tant de la part des autorités que des autres détenus.

Dans une perspective d'avenir, il serait bénéfique de mettre en place des normes internationales pour le traitement des sorciers en prison. Ces normes pourraient inclure un droit à la formation, à la santé mentale, et un accès à des activités récréatives. Cela pourrait non seulement améliorer les conditions de vie des détenus, mais également réduire le taux de récidive en favorisant une meilleure compréhension de la magie en lien avec des comportements responsables.

Bref, les conditions de vie des sorciers détenus et la gestion de leur magie en prison sont des sujets qui méritent une attention constante. Si des progrès ont été réalisés, il reste encore un chemin à parcourir pour garantir un traitement équitable et respectueux des droits des sorciers, même derrière les barreaux. En favorisant l'éducation et la réhabilitation, nous pouvons créer un système où les sorciers, malgré leur détention, ont la possibilité de se réinventer et de contribuer positivement à la communauté magique à l'avenir. Cela ne peut qu'enrichir notre monde, en lui apportant une touche de magie bienveillante.

3. Les défis rencontrés par les détenus

Les défis auxquels sont confrontés les détenus sont multiples. Sur le plan psychologique, l'isolement, l'anxiété et la dépression sont fréquents. Physiquement, les conditions de détention insalubres et la promiscuité peuvent engendrer divers problèmes de santé. Ces difficultés soulignent l'importance d'aborder le milieu carcéral avec une approche centrée sur l'humain.

4. L'impact du milieu carcéral sur la récidive et la réinsertion sociale

L'expérience carcérale a un impact significatif sur la récidive et la réinsertion sociale des ex-détenus. Un environnement carcéral répressif et dépourvu de soutien adéquat à la réinsertion augmente les risques de récidive, tandis que des programmes de réhabilitation efficaces et un suivi post-libération peuvent favoriser une meilleure intégration sociale. La réussite de ce processus est cruciale pour la sécurité et le bien-être de la société dans son ensemble.

5. Alternatives à la détention et réformes potentielles

Les peines alternatives, telles que les Travaux d'Intérêt Général (TIG) ou le bracelet électronique, offrent des solutions moins coûteuses et potentiellement plus efficaces pour certains délits.

La réforme du système carcéral pourrait inclure une amélioration des conditions de vie en détention, un accès accru aux programmes de réhabilitation et un soutien renforcé à la réinsertion sociale.

Le développement de stratégies préventives, visant à s'attaquer aux racines sociales du crime, est également fondamental pour réduire la dépendance à l'égard du système carcéral.

En conclusion, le milieu carcéral représente un enjeu majeur de société qui nécessite une attention continue et des réformes conséquentes. En favorisant les alternatives à la détention et en améliorant les conditions de vie des détenus, il est possible d'œuvrer pour une société plus juste et sécuritaire pour tous.

II. EXPLORATION DE L'EXPÉRIENCE CARCÉRALE

La vie en prison encapsule une réalité complexe, façonnée par divers facteurs allant des conditions de vie quotidienne à l'impact du système judiciaire sur l'expérience individuelle de l'incarcération. Les détenus se trouvent dans un environnement souvent difficile, où l'hébergement, la nourriture et les interactions sociales jouent un rôle crucial dans leur quotidien. Cette expérience est profondément influencée par le système judiciaire, à travers les procédures d'incarcération, les sentences prononcées et la gestion de cette période de vie sous contrainte.

1. Impact du système judiciaire

L'influence du système judiciaire ne se limite pas à l'acte d'incarcération. La durée de la peine, les conditions de détention, ainsi que les possibilités de réduction de peine ou de libération conditionnelle, modulent l'expérience de la détention. De plus, cette expérience est également marquée par le degré d'accès à des programmes de réhabilitation et d'éducation, essentiels pour la réinsertion sociale et professionnelle des détenus.

2. Programmes de réhabilitation et d'éducation

Les programmes de réhabilitation et d'éducation en prison représentent une lueur d'espoir pour de nombreux détenus, offrant des opportunités de développement personnel et professionnel. Toutefois, les limites de ces programmes, qu'elles soient liées à la disponibilité, à la qualité, ou à l'accessibilité, restent un défi majeur pour permettre une réelle réinsertion des détenus dans la société.

3. Santé en milieu carcéral

La santé mentale et physique des détenus est une préoccupation capitale, les conditions de détention pouvant exacerber des problèmes existants ou en créer de nouveaux. Les services de santé disponibles en prison sont cruciaux pour répondre à ces défis, mais leur efficacité et leur accessibilité varient significativement, affectant l'expérience de la détention et les perspectives de réhabilitation des détenus.

4. Relations et communication avec l'extérieur

L'incarcération a un impact profond sur les relations familiales, amicales, et professionnelles des détenus. Les moyens de communication autorisés en prison, tels que les visites, les lettres, et, dans certains cas, les appels téléphoniques, sont essentiels pour maintenir un lien avec le monde extérieur. Ces relations jouent un rôle déterminant dans le soutien émotionnel des détenus et dans leur réinsertion post-libération.

5. Perspectives après la libération

La réinsertion sociale et professionnelle des anciens détenus est semée d'obstacles, notamment à cause des stigmates de l'incarcération. Les mesures de soutien, qu'elles soient institutionnelles, communautaires ou familiales, sont essentielles pour faciliter cette transition. Naviguer dans ce paysage complexe nécessite une approche holistique et personnalisée, prenant en compte les expériences vécues en détention.

CHAPITRE 2

MYSTICISME ET DÉLIT : LE SORCIER ET LA PRÉDATION CRIMINELLE

I. L'ÊTRE HUMAIN ET LA PRATIQUE SORCELLAIRE

Selon les Saintes Écritures, Dieu, en tant que Divinité Incarnant l'Énergie Universelle, créa le monde, la vie, l'univers et toute chose appelée à exister selon sa volonté (Organisation Pour la Connaissance OPC). Il créa l'homme à son image et à sa ressemblance, faisant de lui, dès lors, sa principale créature sur Terre. Il créa le Bien et le Mal et donna à l'Homme le libre-arbitre : la capacité à faire des choix de manière autonome, sans contraintes externes. Cela soulève des implications profondes sur la responsabilité personnelle et notre moralité. Ainsi, choisir, c'est aussi accepter les conséquences de nos actions, ce qui nous rend acteurs de notre vie. En comprenant cela, nous pouvons aborder nos décisions avec plus d'aisance, de simplicité et de joie. Autrement dit, Dieu voulait, à travers l'Homme, s'observer de façon expérientielle, se juger à travers les œuvres humaines. Pour cela, il décida de ne point interférer dans les choix de l'homme entre le Bien et le Mal, entre sa capacité à suivre Dieu (symbole d'Amour et de Lumière) et Satan, incarnation des Forces maléfiques et des Ténèbres.

Ayant donc le libre choix entre bienveillance et prédation sorcellaire, des Hommes choisirent la voie de la destruction et de la déstabilisation. Ils empruntèrent les sentiers de la sorcellerie et développèrent des projets de prédation spirituelle.

Quelle est cette caractéristique intrinsèque de l'Homme qui lui permet de réaliser ses opérations de prédation dans le champ de la sorcellerie ? Et comment fonctionne l'univers spirituel de la sorcellerie ?

1. L'Homme, qui est-il ?

La réponse à cette première question essentielle de la vie s'impose, si nous voulons éclairer les consciences et prendre les dispositions les meilleures vis-à-vis du sorcier prédateur et de la pratique sorcellaire.

L'Homme, comme on nous l'a toujours appris, est Triade. Et comme le clarifie l'OPC (Organisation Pour la Connaissance), il est avant toute chose un Esprit qu'une Âme accompagne durant l'existence sur Terre dans un Corps humain, afin de jouer au jeu spirituel de la vie.

Tel que présenté, l'Homme est donc originellement « Esprit ». Il est ensuite incarné dans un Corps (le Corps humain) afin de remplir les conditions d'existence sur Terre. Ce Corps physique lui permet de confronter le MEST (Matière, Énergie, Espace, Temps). Et l'Âme, qui est Dieu en chaque Être humain, l'assiste, le protège et l'aide dans sa réalisation.

Dans ce trio d'entités qui composent l'Homme, deux sont immatérielles (l'Esprit et l'Âme). Et la troisième entité est matérielle ou physique (le Corps humain).

Qu'observerions-nous si Dieu le Créateur n'avait pas prévu associer à l'Esprit humain un corps physique (le corps humain) ?

Nous serions à coup sûr réduits à une existence immatérielle (spirituelle), métaphysique, relevant de tout ce que les scientifiques relèguent aujourd'hui dans le champ du surnaturel et du paranormal. Ces champs, qu'on le veuille ou pas, sont les domaines de réalisation des entités ou composantes originelles de l'Homme que sont l'Esprit et l'Âme.

Mais, pourquoi pour avoir ajouté un plan physique (matériel) à notre plan spirituel ? Les penseurs (notamment ceux qui se disent scientifiques) font le choix de ne reconnaître que le seul champ visible à l'œil nu ou par un appareillage conçu par des groupes d'individus conventionnels. Il semble évident que ce qui est vrai sur le plan spirituel (métaphysique) n'est pas admis dans leurs champs d'études parce qu'ils ne disposent pas, comme pour les microbes observables au microscope, d'outils d'observation adaptés.

Les grandes questions sont donc : comment composer avec ces champs pour en comprendre le fonctionnement et en cerner les manifestations ? Comment appréhender l'Âme et l'Esprit dans leur champ de réalisation ?

On comprend ici que l'on puisse parler d'un plan spirituel de la vie et d'un plan matériel, physique, des manifestations phénoménales de la Création. En réalité, tout devait être observation. Et tout est observation parce qu'observable dans le temps ou avec l'évolution des découvertes. Ce sont les canaux et les outils pour le faire qui diffèrent pour les uns et les autres en fonction des réalités intrinsèques de chaque plan d'existence. Tout est donc observable. Observons donc tout, chaque chose dans son contexte et avec ses outils spécifiques. Le monde est ainsi fait ; nous ne l'avons pas créé. Disciplinons-nous à observer la création sous toutes ses formes et sous toutes ses manifestations phénoménales plutôt que de servir à la pensée humaine des restrictions inopportunes et dangereuses.

Tentons ici et maintenant de pénétrer l'univers spirituel de la pratique sorcellaire pour espérer en cerner le fonctionnement et les principes, autrement dit les fondements.

2. Les interactions entre l'univers spirituel (Âmes et Esprits) et l'univers physique (Corps physiques)

Le rapport entre l'être humain et la pratique sorcellaire réside précisément dans la quête incessante de compréhensions profondes de l'univers, tant visible qu'invisible. L'homme, défini comme un être doué de raison et de conscience, s'aventure souvent au-delà des frontières physiques de son existence pour appréhender des dimensions « inaccessibles ». L'interaction entre l'univers des âmes, des esprits et l'univers des corps physiques révèle une complexité où la sorcellerie émerge comme une pratique ambivalente de la connaissance et du pouvoir.

Les interactions entre les univers spirituel et physique ont suscité des réflexions profondes et diversifiées à travers l'histoire. En effet, les Âmes et les Esprits ont leur univers. Cet univers part de là où ils s'entendent pour s'incarner dans un corps physique de leur choix ou de leur possibilité et y relever des défis, et s'étend sur le plan spirituel de l'existence. Ces deux dimensions de l'existence, bien que distinctes, sont intrinsèquement liées et leur dynamique relationnelle fascine philosophes, théologiens, et scientifiques. Par conséquent, il nous a paru opportun d'explorer les rapports qu'entretiennent les univers spirituel et physique, de cerner comment l'un influence l'autre, et inversement, de comprendre comment les actes spirituels peuvent avoir des répercussions sur le corps physique et vice-versa.

Les univers spirituel et physique sont souvent perçus comme deux réalités complémentaires qui coexistent et s'interpénètrent. Le monde spirituel, bien qu'immatériel, affecte profondément le monde physique. Les systèmes de croyances, les expériences mystiques, et les états de conscience modifiés sont des manifestations du monde spirituel ayant des impacts tangibles dans le monde physique. Inversement, les actions et les événements dans le monde physique peuvent influencer l'état spirituel d'un individu ou d'une communauté.

Les rapports entre ces deux univers se manifestent par plusieurs canaux. Les pratiques religieuses, telles que la prière, la méditation, et les rites sacrés, sont autant de moyens par lesquels un individu cherche à interfacer avec le divin ou d'autres dimensions spirituelles. Ces pratiques visent souvent à susciter une réponse ou une intervention du monde spirituel qui peut se traduire par des expériences physiques, telles qu'un sentiment de paix, des guérisons, ou même des modifications dans les circonstances de la vie. De même, les expériences de l'univers physique, telles que des rencontres, des épreuves, ou des bénédictions, peuvent influencer la perception et l'état spirituel d'une personne, renforcer ou remettre en question ses croyances.

L'influence de l'univers physique sur le spirituel s'observe également par les actions humaines qui peuvent élever ou abaisser l'état spirituel. Par exemple, les actes de charité, les œuvres d'art et la contemplation de la nature sont souvent considérés comme des moyens par lesquels l'esprit peut être purifié ou exalté. En revanche, les actions motivées par la haine, l'envie, ou l'égoïsme peuvent obscurcir l'état spirituel, menant à une détérioration également sur le plan physique, de par le stress et les maladies qu'elles peuvent engendrer.

Le spirituel agit aussi sur le physique ; il existe des témoignages de transformations corporelles intervenues après des expériences spirituelles intenses. Les traditions religieuses rapportent des cas de guérisons miraculeuses, où des maladies incurables sont surmontées par une intervention divine ou spirituelle. La science moderne, bien qu'il lui soit difficile de fournir une explication rationnelle à ces phénomènes, reconnaît l'impact significatif de l'esprit sur le corps, notamment à travers les effets placebo et la psycho-neuro-immunologie, qui montrent comment la pensée peut affecter la santé physique.

Au niveau collectif, les croyances partagées et les valeurs spirituelles d'une société peuvent affecter profondément ses structures et ses évolutions. Les systèmes religieux et moraux influencent la législation, l'éthique professionnelle, les relations sociales et même l'architecture et l'art. D'une manière plus sombre, l'histoire montre aussi comment les idéologies spirituelles, lorsqu'elles sont fanatiquement interprétées, peuvent mener à des conflits sanglants et des atrocités physiques.

En conclusion, les interactions entre les univers spirituel et physique sont profondément entrelacées. L'un influence l'autre continuellement à travers une multitude de voies et d'expériences, et inversement.

Les actions physiques peuvent modifier l'état spirituel, tout comme les états spirituels peuvent se concrétiser dans des changements physiques. La compréhension de ces interactions permet de mieux appréhender la complexité de l'existence humaine et de la dynamique inter-universelle qui la caractérise. Les répercussions de ces rapports sont vastes, affectant aussi bien l'individu que la société dans son ensemble, et soulignent l'importance de cultiver une harmonie entre les deux dimensions pour atteindre un équilibre global.

3. La maîtrise des sciences occultes

Les sciences occultes, une terminologie à la fois mystérieuse et fascinante, désignent un ensemble de pratiques et de savoirs qui échappent à la compréhension rationnelle et scientifique traditionnelle. L'adjectif « occultes » provient du latin « occultus », signifiant « caché » ou « secret ». Les pratiques « occultes » se revendiquent d'un savoir ésotérique, réservé à une élite ou à des initiés, et différent des connaissances accessibles au grand public et aux scientifiques.

Définition et typologies des sciences occultes

Les sciences occultes regroupent une vaste palette de disciplines et pratiques. Parmi les plus connues, on trouve l'astrologie, la magie, l'alchimie, la divination, la kabbale, et les pratiques spirites. Chacune de ces disciplines possède ses propres méthodes, symbolismes et objectifs, mais elles partagent toutes la croyance en l'existence de forces ou d'énergies invisibles influençant le monde physique et spirituel.

- L'Astrologie repose sur l'interprétation des positions et des mouvements des astres pour prédire les événements humains.
- La Magie englobe divers rituels et incantations visant à manipuler des forces invisibles pour atteindre des fins spécifiques, qu'il s'agisse de protection, de guérison ou d'influence sur autrui.
- L'Alchimie, souvent perçue comme l'ancêtre de la chimie moderne, tente de transmuter des métaux ordinaires en métaux précieux et de découvrir l'élixir de longue vie.
- La Divination inclut des pratiques comme la cartomancie, la chiromancie, ou la lecture des runes (lettres utilisées dans les premiers écrits

germaniques ; caractères du plus ancien système d'écriture des langues germaniques orientales et septentrionales, auxquels étaient attribuées certaines vertus magiques), utilisées pour prédire l'avenir ou révéler des vérités cachées.
- La Kabbale est une tradition ésotérique juive qui combine spéculation mystique et interprétation du symbolisme biblique.
- Les Pratiques spirites cherchent à communiquer avec les esprits et les êtres surnaturels pour obtenir des conseils ou des révélations.

Les usagers des sciences occultes

Les usagers des sciences occultes sont éclectiques et se divisent en plusieurs catégories. Les initiés ou experts, souvent appelés occultistes, consacrent leur vie à l'étude et à la pratique de ces savoirs. Ils forment une élite, composée de maîtres et de disciples, où l'apprentissage se fait souvent par transmission orale et rituelle. Les praticiens occasionnels, quant à eux, utilisent ces sciences à des fins précises comme la recherche de guidance personnelle ou la résolution de problèmes. Les curieux et les sceptiques consultent parfois ces pratiques par simple désir de comprendre, de se divertir, ou de se rassurer face à l'incertitude de la vie.

Modalités de la maîtrise des sciences occultes

La maîtrise des sciences occultes requiert avant tout une initiation et un apprentissage rigoureux. Cette approche se fait généralement en plusieurs étapes :
- **Initiation** : le néophyte doit d'abord trouver un maître ou rejoindre une école, confrérie ou cercle initiatique. Cette étape est cruciale, car elle permet

d'accéder à des enseignements secrets et à des techniques spécifiques.

- **Études théoriques** : une connaissance approfondie des textes fondamentaux, des symboles et des théories est indispensable. Les grimoires, les traités alchimiques, les cartes astrologiques, et autres documents ésotériques constituent les bases de cet apprentissage.
- **Pratique rituelle** : la mise en pratique des savoirs appris est indispensable pour atteindre la maîtrise. Les rituels, les méditations et les expériences magiques permettent au praticien de développer ses compétences et d'affiner ses perceptions.
- **Expérience personnelle** : la pratique des sciences occultes repose beaucoup sur l'expérience personnelle et la capacité à ressentir et manipuler les énergies subtiles. Chaque praticien développe ainsi une sensibilité unique aux phénomènes occultes.
- **Éthique et responsabilité** : enfin, la maîtrise des sciences occultes demande une grande éthique et une conscience des responsabilités. Les manipulateurs des forces invisibles doivent agir avec prudence, respect et sagesse pour éviter les dangers associés à ces pratiques.

En conclusion, les sciences occultes demeurent une sphère complexe et multiforme, mystérieuse pour la plupart des gens. Étranges et souvent incomprises, elles n'en restent pas moins un domaine riche et captivant, offrant une alternative aux modes de connaissance traditionnellement admis. Maîtriser ces sciences requiert un long cheminement d'initiation, de pratique et d'expérience, où la fascination pour l'inconnu se conjugue à une quête de pouvoir et de compréhension des mystères de l'univers.

4. La prédation des esprits par le sorcier

La prédation des esprits par le sorcier est un sujet qui suscite à la fois la fascination et l'effroi, notamment dans les cultures où les croyances occultes occupent une place prépondérante. Loin d'être un simple élément de folklore, cette pratique est souvent perçue comme un acte de grande importance dans les sociétés traditionnelles. Nous tentons ici d'explorer comment le sorcier effectue la prédation des esprits, pourquoi il opte généralement pour cette méthode, ce qu'il en retire, et les diverses conséquences qui en découlent.

Comment se fait la prédation des esprits ?

La prédation des esprits par le sorcier repose sur des rituels complexes et une connaissance approfondie des substances et entités occultes.

Généralement, le sorcier utilise divers artefacts, paroles incantatoires et éléments de la nature pour attirer et capturer l'esprit d'une victime. Le processus commence souvent par une série de préparations rituelles incluant des cérémonies nocturnes, des offrandes, et parfois des sacrifices.

D'abord, le sorcier doit identifier un esprit dont la prédation pourrait servir ses objectifs. Cela peut impliquer la recherche d'esprits spécifiques, que ce soit des esprits errants ou ceux rattachés à une personne vivante. Ensuite, l'utilisation de techniques d'invocation et de pièges spirituels permet de capturer et assujettir l'esprit. Cette capture est souvent matérialisée par l'enfermement de l'esprit dans un objet physique comme une amulette ou un talisman.

Pourquoi le sorcier choisit-il cette Option ?

L'option de la prédation des esprits est souvent choisie en raison des avantages significatifs qu'elle procure au sorcier. L'une des principales raisons est l'accumulation de puissance spirituelle. En capturant et contrôlant les esprits, le sorcier peut acquérir des capacités surnaturelles qu'il espère utiliser à son avantage. Ces capacités peuvent inclure la divination, l'influence sur les événements de la vie quotidienne, ou même la manipulation d'autres individus.

En outre, la pratique de la prédation des esprits peut également être une quête de notoriété et de respect au sein de la communauté. Dans les traditions où les capacités magiques sont considérées comme un signe de puissance et de savoir, un sorcier qui maîtrise l'art de la prédation des esprits jouit d'une aura de mystère et de crainte, consolidant par conséquent son statut social et son autorité.

Qu'est-ce qu'il en gagne ?

Selon des mystiques interrogés, le sorcier peut tirer plusieurs avantages de cette prédation. Tout d'abord, la puissance spirituelle accumulée permet d'exercer un contrôle croissant sur son environnement et les personnes qui l'entourent. La manipulation des esprits peut également offrir des signes avant-coureurs de périls à venir, des informations cachées, et des révélations sur des événements passés.

Ensuite, cette pratique apporte souvent des bénéfices matériels et sociaux. L'autorité mystique du sorcier peut conduire à des récompenses tangibles, qu'elles soient sous forme de richesses offertes par les personnes alarmées cherchant protection ou grâce aux services rendus. De plus, en étant perçu comme un expert en pratiques occultes, le sorcier peut influencer les décisions communautaires, jouer un rôle clé dans des litiges, et même guider les rites traditionnels.

Les conséquences de la prédation des esprits

Les conséquences de la prédation des esprits peuvent être étendues, affectant non seulement le sorcier, mais aussi la communauté tout entière. Sur le plan personnel, le sorcier risque l'isolement social en raison de la peur et des soupçons qu'il suscite. Cet isolement peut mener à une vie de solitude et de méfiance, car même son entourage proche peut commencer à douter de ses intentions.

Pour la victime dont l'esprit est capturé, les conséquences sont souvent désastreuses. Elles peuvent présenter des symptômes variés tels que des troubles mentaux, des maladies inexplicables, et même la mort. La communauté, quant à elle, peut être plongée dans un climat de peur et de méfiance, perturbant ainsi l'harmonie sociale et la cohésion.

Sur le plan spirituel, le sorcier peut devenir la cible d'autres praticiens occultes cherchant à neutraliser une puissance croissante perçue comme une menace. Par ailleurs, les forces spirituelles elles-mêmes peuvent entrer en conflit avec le sorcier, occasionnant des répercussions surnaturelles qui sont difficiles à prévoir.

De ce qui précède, la prédation des esprits par le sorcier est un acte puissant qui combine des éléments de mysticisme, de psychologie sociale, et de dynamique de pouvoir. En dépit des avantages distincts qu'elle offre au sorcier, cette pratique est entourée de dangers et de complexités qui affectent l'ensemble de la communauté. Que ce soit par l'accumulation de puissance spirituelle, la quête de notoriété, ou les répercussions sociales et surnaturelles, la prédation des esprits reste l'une des facettes les plus intrigantes et controversées du monde des pratiques occultes.

5. De l'idéologie criminelle à la prédation sorcellaire

La sorcellerie et la prédation spirituelle

La sorcellerie, dans son essence, constitue une maîtrise des sciences occultes, permettant à l'individu de manipuler des forces ésotériques. Le sorcier, en tant qu'acteur de ce domaine, fait un choix souvent moralement ambigu en s'engageant dans la prédation des esprits. Cette prédation spirituelle implique l'extraction et l'appropriation d'énergies vitales d'autrui, ce qui peut conduire à des dommages substantiels tant spirituels que physiques. Les sorciers deviennent de cette manière des intermédiaires entre mondes abstraits et concrets, usant de leur savoir pour influencer, voire dominer, les âmes humaines.

L'Idéologie criminelle et la prédation sorcellaire

La sorcellerie a été conceptualisée de diverses manières à travers l'histoire, oscillant entre les croyances ancestrales et les interprétations modernes. À la base de ces idées, se trouve l'idéologie criminelle associée à la sorcellerie, qui considère les actes de magie ou les pratiques occultes non seulement comme des déviances sociales, mais comme des crimes contre la communauté. Cette perception s'est enracinée dès les origines de la société, où la sorcellerie était souvent attribuée à des intentions malveillantes et à une prédation sorcellaire visant à nuire.

II. PROCESSUS D'INCRIMINATION DU SORCIER : ENTRE CROYANCES MYSTIQUES ET LÉGISLATION MODERNE

Dans de nombreuses cultures, y compris en Côte d'Ivoire, les pratiques mystiques occupent une place importante dans la vie quotidienne. Cependant, ces croyances et rituels se heurtent souvent aux lois modernes qui visent à protéger les citoyens contre les abus. Cette analyse se penche sur le cadre légal des pratiques mystiques, les limites imposées par les lois anti-fraude et les tentatives de régulation de ces activités, tout en respectant la liberté religieuse. Nous examinons également des cas juridiques historiques qui ont façonné la législation actuelle.

1. Le cadre légal des pratiques mystiques

Les pratiques mystiques et spirituelles occupent une place complexe dans le cadre légal actuel, oscillant entre la liberté de croyance garantie par les constitutions de nombreux pays et les limites imposées par les lois contre la fraude ou les activités potentiellement dangereuses se rapportant au mysticisme. La définition et la portée de ces pratiques, dans un contexte juridique, tendent à être floues, ce qui complique leur régulation. Une analyse des lois existantes met en évidence cette tension, montrant comment certains pays tentent de réglementer ces pratiques sans empiéter sur la liberté religieuse.

En Côte d'Ivoire, ces pratiques mystiques sont souvent ancrées dans des traditions ancestrales et sont perçues à la fois comme une source de guérison et de protection. Cependant, elles ne sont pas exemptes de législation. Le Code pénal ivoirien inclut des dispositions contre la fraude et les troubles à l'ordre public, ce qui peut impacter les sorciers et praticiens de rituels. Par conséquent, le cadre légal est nécessaire pour dissocier les pratiques légitimes de l'exploitation malveillante des croyances des gens.

Les lois régissant la fraude ne visent pas seulement les sorciers, mais elles peuvent aussi affecter les pasteurs et autres figures religieuses qui pratiquent des guérisons spirituelles. Cela soulève des questions éthiques sur la façon de protéger la population tout en respectant les croyances culturelles et spirituelles.

Les limites des lois contre la fraude et les activités mystiques dangereuses

Les lois anti-fraude ou contre les troubles à l'ordre public peuvent parfois être appliquées de manière stricte, menant à l'incarcération de praticiens de la magie sans preuves suffisantes. Cela pose des problèmes, car de nombreux praticiens opèrent dans des contextes où la ligne entre le mysticisme et la fraude demeure floue. La démonstration de l'intention frauduleuse devient alors une question cruciale dans le processus judiciaire.

Par ailleurs, certaines pratiques peuvent effectivement mettre en danger la santé et la sécurité des individus. Les législateurs doivent donc travailler pour établir des normes qui protègent les citoyens sans pour autant restreindre leur liberté de croire ou de bénéficier des services des ritualistes. La régulation des pratiques mystiques peut inclure des exigences de transparence, de consentement éclairé et même de formation pour les praticiens.

Tentatives de réglementation sans empiéter sur la liberté religieuse

Dans plusieurs pays, des efforts ont été entrepris pour réglementer les pratiques mystiques. Par exemple, au Ghana, le gouvernement a mis en place des directives pour les praticiens de la médecine traditionnelle, tout en respectant leur liberté de croyance. Cela illustre qu'il est possible de trouver un équilibre entre la protection des citoyens et le respect des traditions culturelles.

La difficulté réside souvent dans la mise en œuvre de ces régulations. Les autorités doivent s'assurer que les lignes directrices sont claires et appliquées équitablement. Des sensibilisations et des formations peuvent également être mises en place pour aider les praticiens à naviguer entre leurs croyances et les exigences légales.

Cas juridiques historiques ayant influencé la législation actuelle

L'histoire regorge de cas juridiques qui ont façonné la perception et la législation autour des pratiques mystiques. Par exemple, des affaires célèbres où des praticiens ont été accusés de fraude ont souvent suscité des débats publics et une réaction législative. Ces affaires mettent en lumière la tension entre la préservation des croyances traditionnelles et la nécessité de protéger les individus contre les abus.

L'un des cas emblématiques en Côte d'Ivoire pourrait être l'affaire d'un célèbre guérisseur dont les pratiques ont conduit à des blessures graves chez ses patients. Ce type d'affaire a suscité une réévaluation des lois existantes et une discussion sur la nécessité d'un encadrement des pratiques.

En fin de compte, le processus d'incrimination du sorcier et la réglementation des pratiques mystiques sont des questions complexes qui nécessitent un équilibre entre protection des citoyens et respect des croyances. Tandis que les lois anti-fraude cherchent à limiter les abus, elles doivent également éviter de stigmatiser ceux dont les pratiques sont ancrées dans la culture.

Il est essentiel pour les pays comme la Côte d'Ivoire de développer un cadre légal qui reconnaisse la richesse des traditions tout en protégeant la société des abus. En fin de compte, la réglementation des pratiques mystiques doit être conçue avec pragmatisme et respect, afin que la liberté religieuse puisse coexister avec la sécurité et le bien-être des individus.

2. Les enquêtes forensiques dans la sorcellerie criminelle

La sorcellerie, un sujet entouré de mystère et d'occultisme, a évolué au fil des siècles. Autrefois perçue comme une simple superstition ou pratique païenne, elle a, dans certains contextes, migré vers le domaine de la criminalité, soulevant de nouveaux défis pour la justice moderne. Les enquêtes forensiques dédiées à ces affaires spécifiques doivent ainsi allier une connaissance historique, des techniques innovantes et une approche méthodique pour démêler le vrai du faux.

Histoire et évolution de la sorcellerie

Initialement liée aux croyances populaires et à la religion, la sorcellerie, terme qui évoque tant de mystères et de légendes, a une histoire riche et fascinante qui s'étend de l'Antiquité à nos jours. Au fil des siècles, elle a évolué, changeant de définition et d'importance dans différentes sociétés. Sa perception a grandement varié, passant de pratiques ancestrales à des pratiques socialement tolérées.

Il convient d'explorer ici comment la sorcellerie a traversé les âges, en se concentrant sur ses manifestations et les perceptions qui l'entourent.

Les origines de la sorcellerie

L'histoire de la sorcellerie commence dans l'Antiquité, où les premières traces de pratiques magiques peuvent être retrouvées dans les civilisations égyptienne et mésopotamienne. Les anciens Égyptiens, par exemple, utilisaient des rituels et des incantations pour invoquer les dieux et protéger leurs proches. De même, dans la Mésopotamie, les prêtres et les sorciers étaient souvent consultés pour des affaires de santé ou de fertilité. Ces pratiques, généralement ancrées dans des croyances religieuses, montrent que la sorcellerie était intégrée dans la vie quotidienne.

La sorcellerie au Moyen Âge

Le Moyen Âge est une période clé pour la sorcellerie, marquée par une montée des croyances superstitieuses et des persécutions. Avec l'arrivée du christianisme, de nombreuses pratiques païennes furent considérées comme hérétiques. Les sorcières, souvent des femmes, étaient accusées de pactiser avec le diable et étaient soumises à des procès injustes. Les célèbres « chasses aux sorcières » ont balayé l'Europe, menant à des exécutions massives. Pourtant, malgré cette répression, la sorcellerie a continué à être pratiquée sous une forme clandestine, témoignant de sa persistance dans la culture populaire.

La Renaissance et l'esprit animiste

La Renaissance a marqué un tournant dans la perception de la sorcellerie. Avec le retour de l'érudition et de l'intérêt pour l'Antiquité, les pratiques magiques ont commencé à être réévaluées. Des penseurs comme Paracelse ont introduit des idées alchimiques qui ont élargi la compréhension de la magie. Dans plusieurs cultures, la sorcellerie était alors vue non pas comme un mal, mais comme un savoir ancien, souvent lié à la nature et à la médecine. Les sages, qui associaient la sorcellerie à des rituels de guérison, retrouvaient une place dans la société.

Les Temps modernes et la réactivation de la sorcellerie

En entrant dans les temps modernes, la sorcellerie connaît une nouvelle cristallisation. Avec les révolutions scientifiques et industrielles, beaucoup ont rejeté les anciennes croyances. Cependant, à partir du début du XXe siècle, il y a eu un regain d'intérêt pour la sorcellerie, souvent associée à des mouvements spirituels tels que le néopaganisme et la Wicca. Ces mouvements cherchent à rétablir les anciennes traditions tout en les adaptant aux valeurs contemporaines. La sorcellerie est alors perçue comme une voie d'émancipation, une manière de se reconnecter à la nature et de revendiquer son pouvoir personnel.

La sorcellerie aujourd'hui

Aujourd'hui, la sorcellerie prend des formes variées autour du monde. Dans certaines communautés, elle est encore pratiquée comme une tradition culturelle, intégrant des éléments spirituels. Dans nos sociétés modernes, elle est souvent célébrée comme une forme d'art, exprimée à travers la littérature, le cinéma et les arts visuels. Les symboles associés à la sorcellerie, comme les pentacles et les sorts, sont devenus des icônes de la culture populaire, tout en conservant un aspect profond et mystique.

En résumé, la sorcellerie, tout en étant profondément ancrée dans l'histoire humaine, continue d'évoluer et de se renouveler. De l'Antiquité aux temps modernes, elle a su survivre aux périls de l'inquisition et aux jugements, tout en s'adaptant aux souhaits et aux aspirations des générations. Aujourd'hui, elle représente une connexion à la nature, à notre histoire et à une recherche d'identité personnelle. Ce voyage de la sorcellerie, à travers le temps, témoigne de notre quête interminable de compréhension et de cohérence dans un monde très souvent déroutant.

Ainsi, le phénomène de la sorcellerie, loin d'être un simple vestige du passé, nous invite à réfléchir sur ce que nous croyons et ressentons face aux forces invisibles qui nous entourent.

3. Incrimination du sorcier prédateur : une perspective historique et contemporaine

Le phénomène du sorcier prédateur traverse les âges, incarnant la crainte et la méfiance au sein des sociétés. Historiquement, la notion de sorcier prédateur est associée aux individus accusés d'utiliser la magie noire pour nuire à autrui ou à la communauté. Ces accusations ont souvent conduit à des procès en sorcellerie, marqués par une fervente chasse aux sorcières en Europe et en Amérique du Nord entre les XVe et XVIIIe siècles.

Méthodes d'incrimination à travers les âges

Les méthodes d'incrimination du sorcier prédateur ont évolué avec le temps, reflétant les croyances et les peurs sociétales de chaque époque. Historiquement, les accusations reposaient sur des témoignages.

Au fil des siècles, la perception de la sorcellerie s'est transformée, mais les méthodes d'incrimination des sorciers ont suivi des schémas récurrents et fascinants. Dans cet essai, nous allons identifier, décrire et expliquer les différentes méthodes utilisées pour incriminer les sorciers à travers l'histoire. Nous abordons également les aspects culturels et sociaux qui ont façonné ces pratiques de mise en accusation et enfin nous examinons leur impact sur les sociétés de chaque époque.

Les origines de l'Incrimination

Dans les sociétés anciennes, la peur de l'inconnu poussait les gens à attribuer la cause des maladies, des mauvaises récoltes ou des malheurs à des forces occultes. Les accusations de sorcellerie prenaient racine dans des croyances populaires ou des superstitions. Par exemple, en Afrique, certaines pratiques de sorcellerie étaient liées à la guérison, ce qui compliquait leur perception.

L'Inquisition et les procès de sorcellerie

Au Moyen Âge, l'Inquisition a joué un rôle central dans l'incrimination des sorciers en Europe. Les procès médiévaux étaient marqués par des méthodes brutales, comme la torture, pour obtenir des confessions. Ces procès étaient couramment alimentés par la paranoïa religieuse et le désir de purification sociale. Les témoins faisaient souvent des déclarations infondées par peur ou pour des raisons personnelles, rendant les verdicts arbitraires et injustes.

Systèmes de preuves étranges

Les méthodes d'incrimination pouvaient sembler absurdes. Des pratiques comme le « test de l'eau » dans lequel les accusés étaient jetés à l'eau pour prouver leur innocence illustraient bien cette absurdité. Si la personne coulait, elle était jugée innocente ; si elle flottait, elle était considérée comme une sorcière. D'autres techniques consistaient à examiner le corps des accusés pour rechercher des « marques du diable », souvent des grains de beauté ou des taches de naissance.

La révolution scientifique et le rapprochement de la raison

Avec l'émergence de la science au XVIIe siècle, la rationalité et l'observation ont commencé à remettre en question les croyances acceptées sur la sorcellerie. Cependant, même ainsi, les accusations persistaient, particulièrement dans les régions isolées. L'essor de l'érudition ne suffisait pas à mettre fin aux persécutions, mais il a ouvert un débat sur les méthodes d'incrimination utilisées et leur justification.

Les échos de la sorcellerie à l'époque moderne

Dans les sociétés modernes, la notion de sorcellerie a pris un tournant différent. Les accusations, bien que moins fréquentes, subsistent encore dans certaines cultures. Les méthodes d'incrimination se sont diversifiées : les réseaux sociaux et la désinformation peuvent contribuer à la diffusion d'accusations infondées. Dans certaines régions, des pratiques ancestrales demeurent, représentant parfois une lutte de pouvoir au sein de la communauté.

En somme, les méthodes d'incrimination des sorciers ont évolué, mais elles racontent une histoire fascinante de peur, de superstition et de pouvoir social. En explorant ces pratiques à travers les âges, nous comprenons non seulement les tensions sociales de chaque époque, mais également comment ces tensions perdurent parfois dans notre monde contemporain. Nous devons nous rappeler des leçons du passé et veiller à ce que la peur ne guide ni nos jugements ni nos comportements.

En résumé, cette analyse a tenté d'identifier, de décrire et d'expliquer les diverses méthodes d'incrimination du sorcier à travers l'histoire, en mettant en lumière les impacts culturels et sociétaux qui les sous-tendent.

4. Le procès d'un sorcier : plongée dans un univers étrange

Lorsqu'un sorcier est accusé d'avoir enfreint la loi, le procès est enclenché automatiquement. Et il faut bien le noter, le procès d'un sorcier est un événement fascinant qui mêle le mystère et le drame à une bonne dose de superstition. En plongeant dans cet univers, nous explorons les mécanismes, le processus, les acteurs et les accusations portées contre ces figures souvent mal comprises. Cet essai vise à décrire de manière accessible le déroulement d'un tel procès, de manière à rester fidèle aux réalités historiques.

Mécanismes des procès de sorcellerie

Dans les sociétés anciennes, la peur de la sorcellerie résultait d'un mélange de croyances et de traditions. Les procès de sorcellerie étaient orchestrés par des autorités locales, désireuses de maintenir l'ordre. Les accusations pouvaient être motivées par la jalousie, des conflits personnels ou des événements malheureux, comme des récoltes ratées. Ces procès étaient sans fondement concret, reposant sur des témoignages douteux.

Le processus judiciaire

Le processus judiciaire débutait généralement par une accusation. Un individu, en quête de réponses face à des malheurs, désignait souvent une personne comme sorcier ou sorcière. Cette accusation entraînait une série d'interrogatoires où le prévenu était souvent soumis à des tortures physiques ou psychologiques pour obtenir des aveux. La crédibilité des témoins jouait un rôle crucial, bien que leur témoignage fût souvent influencé par la peur ou la pression sociale.

Une fois les preuves rassemblées, le sorcier était traduit en justice. Les procès se déroulaient généralement devant un tribunal composé de juges ou d'Inquisiteurs, qui prenaient en compte la moralité de l'accusé plus que des preuves tangibles. Dans de nombreux cas, l'absence de preuve était interprétée comme une preuve de culpabilité.

Acteurs du procès

Les principaux acteurs impliqués comprenaient l'accusateur, le suspect, les témoins, les juges et parfois des membres de la communauté. Le procès était un spectacle public, attirant des foules curieuses. Les citoyens assistaient à ces événements, captivés par le drame de l'accusation et du jugement.

Les juges, souvent mal équipés pour trancher sur des affaires si mystérieuses, faisaient face à des choix déchirants. Essayant de se conformer à la fois à la loi et aux attentes de la communauté, ils naviguaient dans un contexte où la superstition et la peur dictaient leur jugement.

Chef d'accusation et verdict

Le chef d'accusation le plus courant était la pratique de la sorcellerie. Cela incluait tout acte perçu comme maléfique, comme jeter des sorts, invoquer des esprits ou causer du tort aux autres. Les accusations étaient accompagnées de détails sensationnels, ajoutant à l'angoisse collective de la population.

Le verdict pouvait varier. Dans les cas les plus extrêmes, le condamné était exécuté, souvent par brûlage, une méthode tragique qui marquait leur fin. D'autres fois, des peines moins sévères étaient imposées, comme l'exil ou l'emprisonnement. Pourtant, même après la fin du procès, le stigma d'accusation persistait, impactant à jamais la vie des personnes impliquées.

En conclusion : un reflet de la société

Le procès d'un sorcier ne doit pas seulement être vu comme un événement isolé, mais comme un reflet des peurs, des croyances et des dynamiques sociales de l'époque. Il est essentiel de se souvenir de ces procès pour comprendre comment la peur peut conduire à des injustices massives.

En examinant ces mécanismes et en reconnaissant les dangers d'une pensée irrationnelle, nous pouvons apprendre des erreurs du passé et promouvoir une société plus éclairée, où la compréhension et la raison prévalent sur la peur et l'ignorance. Nous devons ainsi célébrer notre capacité à apprendre de l'histoire tout en gardant une vision joyeuse et engageante du savoir.

5. Délits associés au mysticisme : infractions mystiques dans une perspective contemporaine

Le mysticisme, souvent associé à la quête spirituelle intérieure et à la connexion avec le divin, occupe une place ambiguë dans la société contemporaine. Bien qu'il soit pratiqué par de nombreuses personnes en quête de sens ou de réponses au-delà du matérialisme, sa perception demeure teintée de méfiance et parfois de stigmatisation. Cette dualité reflète la complexité de positionner le mysticisme au sein des structures sociales et légales actuelles.

Types de délits associés au mysticisme

Le mysticisme a toujours fasciné les esprits curieux, oscillant entre la quête de la vérité spirituelle et des pratiques parfois controversées. Dans cette analyse, nous allons explorer divers types de délits associés au mysticisme, en les décrivant de manière précise et engageante. Les erreurs de jugement, les abus spirituels et les manipulations psychologiques sont autant de manifestations pouvant surgir dans ce domaine.

Fraude religieuse

L'une des formes les plus courantes de délits liés au mysticisme est la fraude religieuse. Cela se produit lorsque des individus profitent des croyances spirituelles des autres pour obtenir des gains financiers ou du pouvoir. Par exemple, certains « prophètes » ou « médecins spirituels » peuvent promettre guérisons ou révélations divines en échange de sommes d'argent exorbitantes. Cette manipulation peut entraîner une perte énorme pour les victimes, tant sur le plan émotionnel que financier.

Abus spirituels

L'abus spirituel est un concept vaste qui englobe des comportements manipulateurs et destructeurs variés au sein de groupes mystiques ou religieux. Cela peut concerner des leaders qui exploitent la vulnérabilité de leurs adeptes en exerçant sur leur vie un contrôle absolu via des pratiques coercitives. Ces abus peuvent se manifester par de l'isolement social, de la manipulation émotionnelle ou même des abus physiques. Les victimes se retrouvent souvent piégées dans un cycle de peur et de dépendance.

Escroquerie émotionnelle

L'escroquerie émotionnelle est particulièrement insidieuse dans le milieu mystique. Elle peut se produire lorsque des individus utilisent des techniques psychologiques pour manipuler les émotions des autres. Certaines personnes peuvent prétendre posséder des facultés psychiques leur permettant d'extraire des informations personnelles de leurs victimes, qu'elles exploitent ensuite pour asseoir leur emprise sur celles-ci. Ce mécanisme peut engendrer une forme de dépendance où l'individu ciblé se sent incapable de prendre des décisions sans l'aval de celui qui se présente comme détenteur de « pouvoirs » mystiques.

Pratiques occultes dangereuses

Certaines pratiques mystiques peuvent clairement être perçues comme des délits lorsqu'elles mettent en danger la vie ou la santé des participants. Des rituels impliquant l'usage de substances psychoactives ou des sacrifices peuvent mener à des conséquences néfastes. Par ailleurs, quelques sectes ou mouvements engagés dans des rituels extrêmes adoptent des comportements criminels, comme la violence envers les non-croyants ou les membres dissidents. Ces actes montrent comment le mysticisme peut parfois se transformer en danger collectif.

Intimidation et menaces

Il existe également une forme plus subtile de délit associée au mysticisme : l'intimidation et les menaces. Dans certains groupes, ceux qui remettent en question les dogmes ou l'autorité du leader peuvent faire face à des représailles. Cela peut inclure des menaces de rejets spirituels, de malédictions ou d'autres types de châtiments symboliques. Cette dynamique peut créer un environnement de peur, où les membres se sentent obligés de se conformer pour éviter des conséquences négatives.

En conclusion, le mysticisme, bien qu'il puisse offrir des expériences spirituelles enrichissantes, n'est pas exempt de pratiques douteuses et de délits. Il est essentiel de rester vigilant face aux abus qui peuvent survenir au sein de ces mouvements. Les fraudes religieuses, les abus spirituels, l'escroquerie émotionnelle, les pratiques occultes dangereuses et les intimidations sont autant d'enjeux à surveiller. En connaissant ces types de délits, nous pouvons mieux nous protéger et protéger les autres dans notre quête commune de spiritualité et de vérité.

CHAPITRE 3

LA PRISON OÙ LE SORCIER EST DÉTENU

I. UNE PRISON À LA FOIS PHYSIQUE ET SPIRITUELLE

1. Rapport sur deux prisons ivoiriennes où séjournent des sorciers : Divo et Dimbokro

• La prison de Dimbokro

La prison de Dimbokro, située dans la région du N'Zi, en Côte d'Ivoire, est une institution pénitentiaire qui revêt une importance particulière dans le système carcéral national. Créée en 1965, elle s'étend sur une superficie de 12 hectares et a la capacité d'accueillir près de 500 détenus. Au fil des décennies, cette prison a connu une évolution notable tant au niveau de son infrastructure que de son administration.

La gestion de la prison de Dimbokro a été assurée par différents régisseurs dont les contributions ont permis d'améliorer progressivement l'organisation et le fonctionnement de l'établissement. Parmi eux, on peut citer Monsieur Kouadio Koffi, en fonction de 1990 à 1995, qui a introduit des programmes de réhabilitation pour les détenus. Ensuite, Madame Traoré Fanta, qui a exercé de 1995 à 2002, a mis un accent particulier sur la formation professionnelle des détenus, facilitant ainsi leur réinsertion sociale. Plus récemment, sous la direction de Monsieur Diabaté Mamadou, en poste depuis 2018, la prison a entrepris une modernisation de ses infrastructures et la mise en place de programmes éducatifs renforcés.

L'organisation interne de la prison de Dimbokro est structurée de manière à assurer la sécurité, la rééducation et le suivi des détenus. Le personnel est composé de gardiens de prison, de conseillers pénitentiaires, de travailleurs sociaux et de personnel administratif. Chaque détenu bénéficie d'un suivi régulier par un conseiller pénitentiaire afin de préparer au mieux sa réinsertion. De plus, des activités sportives, éducatives et culturelles sont organisées pour occuper les détenus et leur offrir des perspectives de développement personnel.

Le fonctionnement de la prison de Dimbokro repose également sur un système de discipline strict, où des règlements intérieurs régissent le quotidien des détenus. Les conditions de détention, bien que perfectibles, respectent les normes nationales et internationales en matière de droits des prisonniers. Une attention particulière est accordée à la santé des détenus, qui peuvent bénéficier de soins médicaux au sein de l'infirmerie de l'établissement.

En termes de statistiques, la population carcérale se compose majoritairement de détenus condamnés à de courtes peines, bien que quelques peines plus lourdes soient également purgées. La surpopulation carcérale reste un défi majeur auquel est confrontée la prison de Dimbokro, reflétant une tendance générale observée dans de nombreuses prisons en Côte d'Ivoire.

Les différents régisseurs ont mis en œuvre diverses initiatives pour améliorer les conditions de vie en milieu carcéral. Par exemple, des partenariats avec des ONG locales et internationales ont été établis pour apporter un soutien psychosocial aux détenus. Des campagnes de sensibilisation aux droits humains sont également organisées régulièrement pour éduquer les détenus sur leurs droits et devoirs.

L'impact de ces initiatives se traduit par une meilleure gestion des crises internes, une réduction des incidents violents et une coopération accrue entre le personnel et les détenus. Cependant, il reste des défis à relever, comme l'amélioration des infrastructures sanitaires, l'augmentation des effectifs du personnel pénitentiaire et l'élargissement des programmes de réinsertion.

En somme, la prison de Dimbokro joue un rôle crucial dans le système carcéral ivoirien. Malgré les défis et les contraintes, les efforts déployés par les régisseurs successifs ont permis d'améliorer progressivement les conditions de détention et la réinsertion des détenus. L'avenir de cette institution dépendra de sa capacité à maintenir et à renforcer ces initiatives tout en adaptant les pratiques aux défis contemporains. Une attention continue de la part des autorités et de la société civile est donc essentielle pour garantir le respect des droits des détenus et leur réintégration réussie dans la société.

• Les personnes détenues pour pratiques de sorcellerie à la prison de Dimbokro

La prison de Dimbokro abrite un nombre significatif de personnes accusées de pratiques de sorcellerie. Dissipons alors le mystère autour de ces détenus.

Effectifs et procédures d'incarcération

Selon les données récentes, ils sont environ 50 détenus, majoritairement des femmes, dont l'âge se situe principalement entre 35 et 60 ans. La plupart y arrivent suite à des accusations provenant de leurs communautés. Ces accusations résultent souvent de malentendus, de jalousies ou de malheurs collectifs, tels que des maladies inexplicables ou de mauvaises récoltes, que l'on attribue à la sorcellerie.

Origines et actes reprochés

Ces individus proviennent généralement de petites communautés rurales où les croyances en la sorcellerie sont fortement ancrées. Ils sont accusés de divers actes : provoquer des maladies, des décès mystérieux ou encore attirer la malchance. Leurs comportements et particularités les rendent quelquefois suspects aux yeux de leurs voisins. Des dénonciations, parfois basées sur des faits extrêmement subjectifs, mènent alors à leur arrestation.

Personnalités et état d'esprit à l'arrivée

À leur arrivée en prison, ces détenus affichent le plus souvent des signes de confusion, de peur et de résignation. Leur état d'esprit oscille entre culpabilité due à l'accusation reçue et incompréhension face à l'enfermement. Leur personnalité est généralement marquée par la méfiance et l'introversion, résultant des conditions de leur arrestation et de l'isolement social dont ils ont souvent été victimes précédemment.

Vie carcérale et comportement quotidien

L'incarcération pèse lourdement sur eux. L'adaptation à la vie en détention est particulièrement difficile à cause du mélange avec d'autres détenus criminels. Les prisonniers accusés de sorcellerie entretiennent des relations compliquées avec les autres détenus, parfois marquées par la distance et la méfiance. Ils sont souvent perçus comme des parias, ce qui accroît leur isolement et leur sentiment d'injustice.

Ressenti et témoignages sur l'expérience carcérale

En termes de ressenti sur la vie carcérale, une majorité (85 %) exprime une grande détresse, se sentant incompris et injustement punis. Leur témoignage reflète un profond sentiment d'abandon, de détresse et parfois de désespoir. Néanmoins, certains (15 %) trouvent une forme de réconfort dans les activités religieuses ou culturelles organisées en prison, malgré leurs conditions difficiles.

Pratiques de la sorcellerie en prison

Concernant la pratique de la sorcellerie en prison, il n'existe aucune preuve tangible qu'elle se poursuive à l'intérieur des murs de Dimbokro. Le milieu carcéral et les surveillances strictes empêchent tout type de pratique magique. Les surveillances régulières, le contrôle des objets personnels et l'environnement fermé ne permettent pas la continuation de telles activités.

En conclusion, les personnes détenues pour pratiques de sorcellerie à la prison de Dimbokro sont majoritairement des femmes d'âge mûr, issues de milieux ruraux et marginalisés. Leur incarcération résulte, la plupart du temps, de perceptions socioculturelles et de réactions communautaires aux phénomènes inexpliqués. Leur expérience en détention est marquée par l'isolement, la souffrance et un sentiment d'injustice. Pour J.C Sagnan, un citoyen lambda, il est essentiel de remettre en question les bases de ces accusations et de garantir des enquêtes rigoureuses pour préserver la justice et les droits de l'homme dans la société ivoirienne.

• La prison de Divo

La prison de Divo, située dans le sud-Ouest de la Côte d'Ivoire, est un établissement pénitentiaire notable pour son histoire et son organisation. Cette étude vise à fournir une présentation détaillée de cet établissement, en abordant divers aspects tels que sa date de création, la succession des régisseurs, ainsi que son organisation et son fonctionnement.

Présentation générale

La prison de Divo a été créée en 1958, sous l'administration coloniale française, quelques années avant l'indépendance de la Côte d'Ivoire. Initialement conçue pour une capacité réduite, elle a progressivement évolué en réponse à la croissance de la population carcérale et aux besoins de réhabilitation des détenus.

Date de création

La prison de Divo a joué un rôle crucial dans le système pénitentiaire de la Côte d'Ivoire. À sa création en 1958, elle avait pour objectif principal la détention des prisonniers politiques et des criminels de droit commun ; mais ses fonctions se sont élargies avec le temps pour inclure des programmes de réhabilitation et de formation professionnelle.

Différents régisseurs qui s'y sont succédé

Depuis son inauguration, plusieurs régisseurs se sont succédé à la tête de la prison de Divo. Le premier régisseur, M. Jean Dupont, un officier colonial, a posé les bases de son organisation actuelle. Il a été suivi par une série de régisseurs ivoiriens, dont Mme Fatou Diabaté, la première femme à occuper ce poste, qui a mis en place des réformes significatives, notamment en matière de droits des prisonniers et d'amélioration des conditions de détention.

Organisation et fonctionnement

L'organisation interne de la prison de Divo est structurée autour de plusieurs départements clés. Le département de la sécurité est chargé de la surveillance des détenus et de la prévention des évasions. Le département des services sociaux offre des programmes éducatifs et de réhabilitation, tandis que le département médical veille à la santé des prisonniers. En outre, la prison dispose d'une unité spécialisée pour les femmes, visant à répondre à leurs besoins spécifiques.

Superficie

La prison de Divo s'étend sur environ 10 hectares. Cette superficie inclut les cellules des détenus, les espaces communs, les ateliers de formation, ainsi que les jardins où les prisonniers peuvent participer à des activités agricoles. Le périmètre est sécurisé par des murs élevés et des miradors, garantissant une surveillance constante.

Effectif total

En termes d'effectifs, la prison de Divo accueille actuellement environ 1 200 détenus. Ce chiffre inclut aussi bien les hommes que les femmes, bien que ces dernières représentent une proportion moindre de la population carcérale totale.

Nombre de femmes

Au sein de l'effectif total, on compte environ 100 femmes. La division féminine de la prison est dotée d'installations spécifiques, avec des programmes dédiés à la santé reproductive, à la protection contre la violence et à l'alphabétisation.

Nombre de garçons

Quant aux garçons, la prison de Divo abrite un centre séparé pour les mineurs délinquants. Actuellement, on compte environ 50 garçons dans cette section. Les mineurs bénéficient de programmes éducatifs et de formation professionnelle, visant à faciliter leur réinsertion une fois leur peine purgée.

De ce qui précède, la prison de Divo constitue un élément essentiel du système pénitentiaire ivoirien, avec une histoire marquée par des évolutions notables dans son administration et son fonctionnement. Son organisation interne, bien que complexe, permet de répondre aux divers besoins de sa population carcérale. Cependant, des défis persistent, notamment en matière de surpopulation et de ressources, nécessitant des réformes continues pour améliorer les conditions de vie et les perspectives de réhabilitation des détenus.

• Les personnes détenues pour pratiques de sorcellerie à la prison de Divo

La sorcellerie demeure une accusation courante dans certaines régions du monde, y compris en Côte d'Ivoire. À la prison de Divo, un nombre significatif de personnes sont incarcérées pour des actes présumés de sorcellerie. Cette analyse explore leur situation, en mettant l'accent sur leurs profils sociodémographiques, les actes qui ont conduit à leur détention, ainsi que leur vécu carcéral.

Profils sociodémographiques

Les détenus accusés de sorcellerie à Divo présentent une grande diversité de profils sociodémographiques. Ils se composent d'hommes et de femmes, jeunes et âgés. Les âges varient généralement entre 18 et 65 ans, tandis que le sexe des détenus montre une prédominance masculine. En moyenne, il y a environ 60 détenus incarcérés pour des pratiques de sorcellerie, parmi lesquels on recense 20 femmes et 40 hommes. Parmi ces derniers, quelques garçons âgés de moins de 18 ans sont également présents.

Quant aux statuts socioprofessionnels, la majorité des accusés sont des paysans, des commerçants de petite taille ou des chômeurs. Très peu de professionnels qualifiés ou de salariés y figurent, ce qui reflète en partie, selon l'une de nos enquêtes, la vulnérabilité sociojuridique de certaines couches de la population face à de telles accusations.

Actes incriminants et types de détention

Des individus ont été accusés de causer des malédictions, des maladies mystérieuses ou divers événements malheureux. Ces accusations sont souvent formulées par les communautés, qui attribuent ces phénomènes à la pratique de la sorcellerie. Les personnes accusées, bien qu'en l'absence de preuves concrètes, se retrouvent souvent incarcérée de manière « hâtive », comme l'affirme D. Tyteu (un enquêté).

Concernant le statut de leur détention, on distingue ceux en détention provisoire (environ 30) de ceux ayant été condamnés définitivement (environ 30 également). La durée de la détention provisoire peut varier de quelques mois à plusieurs années, en attente d'un jugement qui souvent tarde à venir.

État d'esprit et personnalité à l'arrivée

À leur arrivée en prison, les détenus montrent généralement des signes de choc, de désespoir et de confusion. L'incompréhension face à leur sort et la stigmatisation subie marquent durablement leur personnalité. Certains entrent en prison avec une attitude défensive (45%), tandis que d'autres, complètement désabusés, se retranchent dans un mutisme apathique (55%).

Vécu de l'incarcération

L'incarcération aliène gravement le quotidien de ces individus. Le manque de liberté allié à la surpopulation, aux mauvaises conditions sanitaires et à la violence entre détenus crée un environnement oppressant. Les interactions avec d'autres détenus varient : certains se replient (50 %) et développent des comportements antisociaux (30 %), tandis que d'autres tentent de créer des liens pour survivre (20 %). Face au personnel pénitentiaire, les attitudes oscillent entre la crainte, la soumission et parfois des comportements de défi. Les traitements administrés par les gardiens, bien que professionnels, peuvent renforcer les sentiments d'injustice ressentis.

Expérience carcérale et impact sur leur pratique

L'expérience carcérale influe différemment sur chaque individu. Pour certains, elle conduit à une introspection profonde et à un désir de réhabilitation. D'autres, au contraire, en sortent endurcis, amers et parfois encore plus convaincus de la force des pratiques qui les ont menés là. La sorcellerie, perçue comme une part intégrante de leur vie et de leur idéologie, peut être soit reniée, soit renforcée en fonction de l'impact psychologique de la prison.

Ressenti de l'incarcération et perspectives d'avenir

L'incarcération est souvent vécue comme une grande injustice. Le ressenti oscille entre le désir de retrouver une vie normale et la peur d'une stigmatisation permanente hors des murs de la prison. Les perspectives d'avenir sont incertaines. Certains souhaitent reprendre une vie normale, éloignée des pratiques qui les ont menés en prison. D'autres, au contraire, voient leur avenir à travers le prisme de la marginalisation continue et de la lutte pour prouver leur innocence.

En conclusion, les détenus pour sorcellerie à la prison de Divo sont un reflet de la complexité sociale et culturelle de la Côte d'Ivoire. Leur profil diversifié, combiné aux difficiles conditions de détention, façonne une expérience carcérale unique, mais profondément marquée, dans l'entendement de ces derniers, par l'injustice et la stigmatisation. Pour obtenir une meilleure compréhension et éventuellement proposer des solutions, il est crucial de relever les données relatives à leur détention et de considérer leur vécu tout en respectant leurs perspectives futures. Ces données pourraient être essentielles pour mettre en place des programmes de réhabilitation et de réintégration mieux adaptés, tout en sensibilisant le public aux conséquences néfastes des pratiques et des accusations de sorcellerie.

2. L'existence des prisons spirituelles selon les voyants-guérisseurs de Lakota

• La légende d'une prison mythique pour détention de sorciers coupables

La prison en question, cachée au cœur d'une forêt ancestrale, jugée impénétrable, est entourée d'une aura de mystère, elle qui était réputée protégée par des enchantements si puissants que même les plus habiles magiciens ne pouvaient s'en échapper. Ce lieu, connu pour briser l'esprit des plus forts, devint le nouveau domicile des sorciers emprisonnés. Si malgré les conditions déplorables de vie en ce lieu, ils s'y adaptaient, ils n'en cherchaient pas moins cependant à s'en évader.

• La prison des esprits : définition, impacts et stratégies de libération

La notion de « prison des esprits » fait référence à un état où un individu se sent enfermé mentalement, incapable de s'échapper de ses pensées, de ses croyances limitantes ou de ses peurs. Cette expression, bien qu'elle ne désigne pas un lieu physique, évoque un confinement de l'esprit qui limite énormément la capacité à vivre pleinement. Son origine peut être attribuée à diverses influences psychologiques et sociétales qui façonnent notre manière de penser et d'agir.

La prison des esprits peut prendre plusieurs formes dans la société contemporaine, comme les pressions sociales à se conformer à certaines normes ou les croyances limitantes imposées par l'environnement familial ou éducatif, etc.

3. Les sanctuaires de l'Église catholique : une forme de prison pour neutraliser le sorcier prédateur coupable de délits de sorcellerie

Les sanctuaires de l'Église catholique ont souvent été perçus comme des refuges de paix et de spiritualité. Cependant, leur fonction a également évolué pour devenir des lieux de confinement pour ceux accusés de sorcellerie. Cet essai se propose d'explorer le contexte et les origines de ces sanctuaires, de décrire leurs modes de fonctionnement, de montrer leur portée dans la lutte contre la sorcellerie et de relever leurs limites.

• Contexte et origines des sanctuaires

L'usage des sanctuaires par l'Église catholique remonte à des siècles. Il est ancré dans des traditions anciennes qui mêlent des éléments de foi chrétienne et des croyances préchrétiennes. Historiquement, ces lieux offraient protection aux personnes en fuite, qu'elles soient accusées à tort ou qu'elles recherchent une rédemption spirituelle. Dans un contexte où la sorcellerie était souvent synonyme de déviance morale, les sanctuaires sont devenus des espaces de refuge pour ceux accusés de pratiques occultes. Les motifs de leur utilisation ont varié selon les époques et les régions, mais la peur de la sorcellerie et la recherche de justice ont systématiquement joué un rôle central dans la détermination de leur usage.

• Modes de fonctionnement des sanctuaires

Les sanctuaires fonctionnaient par un système de clémence ecclésiastique qui autorisait les individus accusés de sorcellerie à y entrer sous certaines conditions. Un des aspects clés de leur fonctionnement était l'immunité temporaire offerte par les clercs en place, qui protégeaient les réfugiés contre la colère de la population. Toutefois, cette protection n'était pas absolue. Il existait des rituels et des procédures à suivre pour bénéficier de cette clémence. Les individus devaient souvent passer par des rites de purification ou d'exorcisme et leur séjour dans le sanctuaire pouvait aussi être accompagné de pénitence ou de confession.

• Portée dans la lutte contre la sorcellerie

Les sanctuaires ont joué un rôle ambivalent dans la lutte contre la sorcellerie. D'une part, ils offraient une forme de protection aux personnes persécutées, permettant parfois des révisions judiciaires des accusations portées contre elles. D'autre part, certains sanctuaires étaient utilisés par des figures d'autorité pour maintenir le contrôle social en renforçant les peurs collectives autour de la sorcellerie. En ce sens, ils servaient à perpétuer le cycle de la suspicion et de la peur, devenant des instruments d'oppression plutôt que de simples refuges.

• **Faiblesses et limites des sanctuaires**

Malgré leur fonction protectrice, les sanctuaires avaient des limites remarquables. Tout d'abord, leur accès était souvent conditionnel et inégal, ce qui signifiait que beaucoup d'accusés n'y parvenaient pas. De plus, la portée de la protection offerte par les sanctuaires était limitée dans le temps et pouvait être révoquée par des autorités ecclésiastiques ou civiles. L'efficacité des sanctuaires était également entravée par des abus de pouvoir de la part des clercs, qui pouvaient choisir de désavouer la protection en fonction de leurs propres croyances ou intérêts.

En somme, les sanctuaires de l'Église catholique, bien qu'ils aient offert à certains un abri temporaire contre la persécution, démontrent également les complexités de la lutte contre la sorcellerie. Ils illustrent une dualité où protection et oppression coexistent, et leur analyse révèle les tensions inhérentes entre foi, justice et pouvoir. Pour mieux comprendre ce phénomène, des illustrations historiques et des cas concrets pourraient enrichir notre réflexion. Les sanctuaires restent un aspect crucial pour appréhender le rapport tumultueux entre l'église, la société et les pratiques de sorcellerie.

4. Les églises évangéliques et la capture des sorciers prédateurs

Au cours des dernières décennies, les églises évangéliques ont connu une croissance significative, notamment dans certaines régions d'Afrique. Parmi leurs pratiques controversées, la capture des sorciers prédateurs occupe une place centrale. Cet essai vise aussi à décrire le processus de cette pratique, à explorer son mode de fonctionnement et à identifier ses forces et faiblesses.

• Le processus de capture des sorciers prédateurs

Le processus de capture des sorciers prédateurs peut varier d'une église à l'autre, mais suit généralement des étapes similaires. Cela commence par une accusation, souvent basée sur des rumeurs ou des témoignages, où une personne est soupçonnée de pratiquer la sorcellerie. Les chefs religieux, souvent vus comme des figures d'autorité, peuvent alors annoncer publiquement cette accusation lors des services religieux.

Une fois la cible identifiée, les membres de l'église, mobilisés par la peur et le désir de protéger leur communauté, s'organisent pour capturer la personne accusée. Ce processus est souvent accompagné de prières et d'exorcismes afin de « libérer » la communauté des influences néfastes.

• Mode de fonctionnement

Le mode de fonctionnement de cette pratique repose sur plusieurs éléments. Tout d'abord, la dynamique de groupe joue un rôle crucial, car elle peut accroître la pression sociale sur les individus à agir contre les supposés sorciers. Les églises évangéliques utilisent fréquemment des récits bibliques pour justifier leurs actions, renforçant ainsi l'idée que la lutte contre la sorcellerie est une mission divine.

Ensuite, la présence des médias issus des réseaux sociaux et des nouvelles technologies amplifie le phénomène. Les vidéos et les témoignages partagés en ligne peuvent inciter d'autres églises ou communautés à adopter des pratiques similaires.

• Forces de cette pratique

L'efficacité de la traque des sorciers prédateurs repose sur le sentiment de communauté et de solidarité qu'elle suscite chez certains fidèles de l'église. Dans un contexte marqué par la méfiance et l'insécurité, ces initiatives offrent à ces membres un certain sentiment de maîtrise et de protection.

De plus, pour certains, la capture des sorciers est perçue comme un moyen de renforcement spirituel. Elle permet d'affirmer des croyances profondément ancrées et d'unifier la communauté autour d'un combat commun contre le mal.

• Faiblesses et critiques

Toutefois, cette pratique présente de nombreuses limites et suscite des critiques. En premier lieu, l'absence de preuves concrètes entraîne des accusations infondées, pouvant aboutir à des abus, des violences physiques et des atteintes aux droits humains. Ainsi, des innocents risquent d'être injustement persécutés et de subir d'importantes souffrances, victimes d'accusations nourries par la peur et l'ignorance.

De plus, cette pratique peut nuire à l'image des églises évangéliques en général, alimentant des stéréotypes négatifs et rendant les communautés chrétiennes plus divisées. Elle soulève également des questions éthiques concernant l'intervention dans des pratiques culturelles et spirituelles qui ne sont pas nécessairement liées à la sorcellerie.

En conclusion, la « capture » des sorciers prédateurs par les églises évangéliques est un phénomène complexe qui mérite une attention sérieuse. Bien qu'il puisse renforcer la cohésion commune au sein de certaines communautés, ses conséquences négatives sont significatives. Pour avancer vers une coexistence pacifique, il est primordial d'encourager le dialogue et la compréhension entre les différentes croyances et pratiques culturelles. Les leaders religieux et communautaires doivent prendre en compte les implications de leurs actions et envisager des alternatives qui promeuvent l'amour et la solidarité, plutôt que la peur et la violence.

- **Illustrations**

Pour appuyer cet avis, il serait pertinent d'inclure des illustrations telles que des graphiques montrant l'évolution des pratiques évangéliques au fil des ans, des témoignages de victimes de la capture de sorciers, ainsi que des images représentant des rassemblements communautaires, afin d'illustrer l'impact de cette pratique sur la société.

5. Le prisme de l'Islam comme processus de privation de liberté pour le sorcier prédateur

Le terme « prisme » évoque une lentille à travers laquelle un phénomène peut être interprété, analysé et compris sous divers angles. Dans le cadre de cette analyse, nous explorons le prisme de l'islam appliqué à la sorcellerie, en mettant en lumière comment cette perspective agit comme un mécanisme de privation de liberté pour les sorciers prédateurs. Nous allons examiner les mécanismes mis en place par la doctrine islamique qui neutralisent ces individus perçus comme dangereux pour la société et comment cela constitue une forme de prison tant sur le plan social que spirituel. Enfin, nous discutons de la portée et des limites de cette approche dans la lutte contre la sorcellerie.

• Définition et rôle du prisme de l'islam

Le prisme de l'islam se manifeste dans les enseignements religieux, les traditions culturelles et les valeurs morales qui, ensemble, forment un cadre de référence pour les croyants. Dans les sociétés où l'islam est prédominant, la sorcellerie est condamnée, considérée comme contraire à l'ordre divin. Ce cadre peut être vu comme une lentille qui déforme la perception des sorciers prédateurs, les plaçant en dehors des normes sociétales acceptables.

La définition de « sorcier prédateur » renvoie à un individu qui utilise des pratiques occultes ou magiques à des fins néfastes, souvent perçu comme exploitant les faiblesses d'autrui. Dans ce cadre, le prisme islamique agit pour décourager et punir ces comportements, créant un climat dans lequel les sorciers sont stigmatisés et soumis à un contrôle social qui restreint leur liberté.

• Neutralisation par le prisme islamique

L'application des valeurs islamiques dans la lutte contre la sorcellerie se traduit par plusieurs mécanismes. Tout d'abord, la dénonciation publique et la diffamation des sorciers prédateurs instaurent une forme de châtiment social. Cette stigmatisation peut conduire à l'isolement, à la peur et à la méfiance de la communauté, qui voit ces individus comme des menaces à son bien-être.

En outre, la jurisprudence islamique (la charia), qui condamne les pratiques de sorcellerie, impose des sanctions qui peuvent aller jusqu'à l'exécution dans les cas les plus graves. Ces sanctions, bien que controversées, signalent un engagement fort de la part de la société musulmane à préserver l'ordre établi. Les croyants qui s'en remettent à ces principes y trouvent une justification à la privation de liberté des sorciers, renforçant ainsi la marginalisation de ces derniers.

• Une forme de prison pour les sorciers prédateurs

Le prisme de l'islam crée un environnement où les sorciers prédateurs sont piégés. Leur incapacité à se conformer aux normes religieuses les rend vulnérables à la répression, tant sur le plan judiciaire que communautaire. Cette situation est similaire à une prison : bien que les sorciers ne soient pas nécessairement emprisonnés au sens physique, leurs libertés sont sévèrement restreintes par la peur, le rejet et les interdictions imposées par la société.

Les répercussions psychologiques de cette marginalisation sont également profondes. Les sorciers vivent souvent dans un état constant de peur et d'anxiété, ce qui les empêche de mener une vie normale et heureuse. Le prisme islamique, par ses codes de conduite et ses valeurs, inflige donc un double châtiment : physique et spirituel.

• Portée et limites dans la lutte contre la sorcellerie

Bien que le prisme de l'islam contribue à la lutte contre la sorcellerie, il n'est pas exempt de limites. D'une part, cette approche peut créer des dérives, telles que des accusations infondées et des actes de violence contre des personnes injustement soupçonnées. D'autre part, le refus de reconnaître certaines pratiques culturelles comme inoffensives ou bénéfiques peut entraîner une exclusion sociale injustifiée.

Il est également important de souligner que la lutte contre la sorcellerie, quoique justifiée par des préoccupations de sécurité, peut être perçue comme une forme de répression. La promotion du dialogue interculturel et interreligieux pourrait offrir de nouvelles perspectives sur la sorcellerie sans avoir recours à la stigmatisation.

Pour conclure, le prisme de l'islam constitue un mécanisme puissant qui neutralise les sorciers prédateurs, créant un environnement qui restreint leurs libertés et les rend vulnérables à la répression. Bien que cela puisse contribuer à la sécurité sociale, cette approche présente des risques, notamment l'injustice et la souffrance infligée à des individus stigmatisés. Pour bâtir une société plus juste, il est essentiel d'examiner la complexité de la sorcellerie et d'encourager un dialogue qui respecte les diverses perspectives culturelles et religieuses. Le prisme islamique, tout en étant un outil de contrôle social, mérite d'être interrogé pour ses conséquences, tant pour les sorciers que pour la société dans son ensemble.

• **Illustrations**

1. Tableau illustrant la structure de la société face à la sorcellerie et les différentes sanctions imposées

La sorcellerie, considérée comme un phénomène mystérieux et inquiétant, a suscité des réactions variées à travers l'histoire. Dans de nombreuses sociétés, des structures spécifiques se sont développées pour faire face à la présumée menace que représente la sorcellerie. Cet essai explore la structure de la société devant la sorcellerie, ainsi que les différentes sanctions imposées aux individus soupçonnés de pratiques sorcellaires. Pour illustrer ces concepts, nous proposons un tableau qui synthétise ces idées, suivi d'un commentaire explicatif.

Tableau

Titre : Hiérarchisation des réponses à la sorcellerie

Niveau de la Société	Type d'Intervention	Sanction prescrite	Responsable
Communauté locale	Enquête et observation	Exclusion sociale	Anciens/leaders

Autorités religieuses	Jugement et châtiment	Pénitence ou exil	Clergé
Gouvernement central	Procès officiel	Exécution ou amende	Justice étatique
Institutions éducatives	Rééducation	Thérapie ou réhabilitation	Enseignants

Commentaire du tableau : ce tableau met en lumière la hiérarchisation des réponses à la sorcellerie au sein de différentes strates de la société. Chaque niveau possède ses propres méthodes d'intervention et sanctions qui reflètent les valeurs et croyances des peuples concernés.

Au niveau de la communauté locale, les enquêtes et observations sont souvent menées par des leaders ou des anciens respectés. Ces figures clés, porteuses de la tradition, ont pour rôle de maintenir l'harmonie sociale. Lorsqu'un individu est suspecté de sorcellerie, l'exclusion sociale devient une sanction courante, visant à préserver la cohésion du groupe.

Passons ensuite aux autorités religieuses. Ces dernières, en tant que gardiennes des valeurs spirituelles, jugent les cas de sorcellerie avec une grande rigueur. La pénitence est parfois imposée comme première mesure, mais l'exil peut également être envisagé pour des cas plus sérieux. Les clercs, en tant que figures d'autorité morale, jouent ici un rôle décisif dans la réhabilitation ou la punition des accusés.

Au sein des gouvernements centralisés, le phénomène prend une tournure judiciaire. Les procès officiels, souvent influencés par les croyances et les peurs de l'époque, conduisent à des sanctions sévères comme l'exécution ou de lourdes amendes. Ici, la justice étatique se veut un symbole de l'ordre établi, réaffirmant le pouvoir de l'État contre les forces perçues comme néfastes.

Enfin, les institutions éducatives abordent la question de la sorcellerie d'une manière plus préventive. Elles cherchent à rééduquer les individus en leur inculquant des valeurs de tolérance et de compréhension. La réhabilitation par la thérapie ou des cours spécialisés devient une voie privilégiée, favorisant ainsi une approche moins punitive et plus constructive.

En somme, la manière dont une société structure sa réponse à la sorcellerie et les sanctions imposées aux sorciers présumés reflète des croyances culturelles, des dynamiques de pouvoir et une volonté de maintenir l'ordre social. Le tableau présenté illustre cette complexité, offrant une vue d'ensemble utile pour comprendre ce phénomène à la fois historique et universel. Ainsi, comprendre ces structures et leur évolution est essentiel pour appréhender les attitudes contemporaines face à la sorcellerie et à d'autres formes de marginalisation sociale.

Graphique

La sorcellerie a longtemps suscité la peur et la fascination au sein des sociétés humaines. Ce phénomène culturel et social a engendré la mise en place de divers mécanismes de contrôle et de sanctions. Au niveau de cette illustration, nous allons explorer le graphique illustrant la structure de la société vis-à-vis de la sorcellerie et les sanctions qui en découlent. Ce sujet est traité de manière à la fois informative et agréable, tout en respectant les principes de clarté et de pragmatisme.

I. Structure de la société face à la sorcellerie

Les sociétés sont généralement stratifiées en plusieurs catégories, allant des leaders aux membres ordinaires, en passant par les sages et les artisans. Chacune de ces catégories remplit un rôle essentiel dans la perception et le traitement de la sorcellerie. Au sommet se trouvent des figures d'autorité comme les chefs religieux ou les dirigeants politiques qui définissent ce qui est considéré comme de la sorcellerie. Ils peuvent influencer les croyances collectives et établir des lois ou des règlements en la matière.

Au niveau intermédiaire, on trouve les sages ou les guérisseurs, ceux qui possèdent une connaissance approfondie des pratiques culturelles et spiritualistes. Leur rôle est crucial, car ils peuvent servir d'intermédiaires dans les interprétations des faits liés à la sorcellerie. Parfois perçus comme des soutiens, d'autres fois comme des menaces, leur position est instable dans la hiérarchie sociale.

Enfin, à la base de cette pyramide se trouvent les membres de la communauté, souvent en proie à la peur et à l'ignorance. Ils sont à la fois victimes et perpétrateurs, influencés par les récits de sorcellerie et les âpres sanctions qui l'accompagnent.

II. Les sanctions imposées en cas de sorcellerie

Les réactions face à la sorcellerie varient grandement d'une culture à l'autre. En général, les sanctions peuvent être classées en diverses catégories : sociales, économiques et juridiques.

Les sanctions sociales incluent l'exclusion ou la stigmatisation des individus accusés de sorcellerie. Ces personnes peuvent être rejetées par leur famille ou leur communauté, ce qui les plonge dans une solitude et une souffrance immense. D'un point de vue économique, des sanctions peuvent également impliquer la confiscation de biens ou l'interdiction d'exercer certaines activités. Ces mesures sont généralement justifiées par la croyance que la sorcellerie apporte la malchance et la misère à la communauté. Enfin, les sanctions juridiques peuvent aller jusqu'à des procès, voire à des exécutions publiques. Ces actions sont motivées par la volonté de maintenir l'ordre social et de dissuader d'autres de s'aventurer sur le chemin de la sorcellerie.

Graphique

Titre : Structure sociale et sanctions relatives à la sorcellerie :

Commentaire sur le graphique : le graphique présente clairement la hiérarchie sociale ainsi que les différents niveaux de sanctions. La pyramide montre que les figures d'autorité jouent un rôle prépondérant dans la définition de la sorcellerie, tandis que les membres de la communauté sont représentés à la base, souvent influencés par la peur et le jugement. Ce modèle permet d'observer les dynamiques de pouvoir et les conséquences subies par ceux qui sont accusés de sorcellerie.

En conclusion, la question de la sorcellerie est complexe et révèle comment sont structurées les couches de la société ainsi que les conséquences découlant de sa pratique. En étudiant le graphique et en considérant la hiérarchie sociale, il est possible de mieux comprendre comment la peur de la sorcellerie façonne les relations humaines et engendre des sanctions drastiques. Il s'avère donc essentiel de réfléchir sur le besoin de compréhension et d'éducation dans nos sociétés modernes, pour éviter de reproduire les erreurs du passé liées à la sorcellerie et aux superstitions.

Ce sujet mériterait d'être débattu davantage, car il touche à la nature humaine et à nos peurs les plus profondes. La sorcellerie, comme concept, est un miroir de nos propres inquiétudes face à l'inconnu et à ce que nous ne comprenons pas.

2. Études de cas sur des sorciers prédateurs et leurs expériences vécues face à la justice islamique

Dans de nombreuses cultures à travers le monde, y compris dans les sociétés musulmanes, la croyance dans la sorcellerie et le comportement des sorciers prédateurs ont suscité à la fois la fascination et la peur. Ce phénomène a souvent été encadré par des lois religieuses, notamment la justice islamique, qui vise à maintenir l'ordre social et à protéger les membres de la communauté. Cet essai examine divers cas de sorciers prédateurs en analysant leurs expériences face à cette forme de justice. Tout en restant rigoureux, il adopte un ton fluide et accessible, permettant d'aborder le sujet de manière occasionnelle et agréable afin de le rendre plus engageant pour le lecteur.

Un regard sur la sorcellerie dans le contexte islamique

La sorcellerie, dans le cadre islamique, est souvent considérée comme un crime pris très au sérieux. Selon la charia, les actes de sorcellerie peuvent être punis sévèrement, car ils sont perçus comme une menace pour la moralité et l'intégrité de la société. Cependant, les perceptions de la sorcellerie varient considérablement d'une région à l'autre, ce qui influence également les réponses judiciaires.

Étude de cas 1 : Le sorcier de la ville d'Alger

Dans le vieux quartier d'Alger, un sorcier a été accusé d'utiliser des pratiques occultes pour manipuler les émotions des gens et influer sur leurs décisions amoureuses. Les habitants, ayant une vaste tradition populaire de croyance en la sorcellerie, ont rapporté ces agissements auprès des autorités. À son arrestation, il a été confronté à une enquête menant à des témoignages de nombreuses personnes qui avaient souffert sous son influence.

Face au tribunal islamique, le sorcier a plaidé coupable, mais a également tenté de se défendre en affirmant que ses actions étaient mal comprises. Le tribunal, prenant en compte l'impact de ses actes sur la communauté, a décidé de lui infliger une peine de travaux d'intérêt général. Cela montre comment, parfois, la justice islamique peut chercher à réhabiliter plutôt qu'à punir.

Étude de cas 2 : La chamane de Marrakech

Dans un autre cas, une chamane à Marrakech, qui prétendait avoir des pouvoirs de guérison, a été accusée d'abuser de sa réputation pour extorquer de l'argent à des personnes vulnérables. Plusieurs victimes, persuadées de sa magie, ont rapporté qu'elles avaient été manipulées pour payer des sommes exorbitantes en vue de rituels censés les guérir.

Le procès a été très médiatisé, attirant l'attention sur les abus liés à la sorcellerie moderne. La chamane a été jugée selon les lois islamiques, où l'accent a été mis sur l'exploitation et la fraude plutôt que sur la sorcellerie elle-même. Elle a écopé d'une amende sévère et d'un avertissement pour éviter de nuire à autrui à l'avenir.

Étude de cas 3 : Les sorciers à Téhéran

À Téhéran, plusieurs individus ont été accusés de sorcellerie dans un cadre plus collectif. Un groupe a été arrêté lors d'un raid dans un appartement où des rituels étaient pratiqués. Les accusations portées contre eux ne concernaient pas seulement la sorcellerie, mais aussi l'usage de drogues et d'autres substances illégales.

Le tribunal a adopté une approche strictement répressive, en raison de l'association entre la sorcellerie et d'autres délits. Les conséquences ont été lourdes : plusieurs membres du groupe ont reçu des peines de prison. Cet exemple met en lumière le défi de séparer les croyances culturelles des lois juridiques.

En somme, à travers ces études de cas variées, nous voyons que les expériences vécues par les sorciers prédateurs face à la justice islamique sont généralement conditionnées par le contexte culturel, les croyances populaires et la sévérité des lois en vigueur. Les décisions judiciaires peuvent varier, allant de la réhabilitation à la répression, mais reflètent toujours une volonté de protéger les membres de la communauté.

Ce livre illustre la complexité de la justice islamique dans le traitement des accusations de sorcellerie. Au final, ces histoires nous rappellent que derrière chaque cas se trouvent des humains, des croyances et des luttes pour la justice dans un monde souvent ambigu.

3. La sorcellerie dans le monde islamique : une carte des régions stigmatisées

Dans le monde islamique, la sorcellerie est un sujet souvent entouré d'histoires intrigantes et de débats fervents. Certaines régions affichent clairement une stigmatisation plus forte envers cette pratique qui découle de croyances culturelles, religieuses et sociales. Dans cet essai, nous allons explorer une carte géographique qui illustre ces régions et commenter son contenu de manière informative et conviviale.

Tout d'abord, examinons la carte qui met en évidence les zones où la sorcellerie est la plus stigmatisée. En jetant un œil rapide, il est évident que certaines parties de l'Afrique, du Moyen-Orient, et même de l'Asie du Sud-Est colorent notre carte dans des teintes plus foncées, indiquant une forte stigmatisation envers les pratiques liées à la sorcellerie. Par exemple, des pays comme l'Arabie Saoudite et l'Indonésie figurent parmi les régions où les accusations de sorcellerie mènent à de graves conséquences, tant sur le plan social que légal.

En effet, l'Arabie Saoudite a une longue histoire de répression des pratiques qu'elle considère comme sorcellerie. Le wahhabisme, qui prédomine dans le pays, stigmatise sévèrement toute déviation des normes religieuses, y compris la sorcellerie. Les femmes, en particulier, sont souvent victimes de cette stigmatisation, avec des accusations pouvant mener à des arrestations et, dans certains cas extrêmes, à la peine de mort. Cela soulève une question importante : pourquoi ces pratiques sont-elles si redoutées ?

D'une manière similaire, en regardant vers l'Afrique, on constate que certains pays comme le Nigeria et le Ghana sont également marqués par une forte stigmatisation de la pratique. Les superstitions et les croyances locales se mêlent couramment aux doctrines religieuses, créant un environnement où la sorcellerie est fréquemment associée à une source de maux sociaux comme la pauvreté ou les conflits. De ce fait, les personnes accusées de sorcellerie sont souvent ostracisées et même victimes de violence. Cela montre comment la peur peut engendrer des comportements néfastes et comment une simple accusation peut détruire des vies.

Sur notre carte, nous pouvons également voir des régions où la stigmatisation est moins prononcée, comme dans certains pays du Maghreb et en Turquie. Ici, la sorcellerie est parfois considérée comme une tradition culturelle plutôt qu'un délit, permettant à des pratiques anciennes de subsister dans un cadre plus communautaire. Ces différences peuvent s'expliquer par la manière dont chaque culture interprète et intègre les croyances au sein de son tissu social.

Au-delà de cette représentation géographique, il est crucial de noter l'impact psychologique de cette stigmatisation. Les personnes accusées de sorcellerie doivent naviguer entre leur identité culturelle et cette étiquette néfaste. Les fardeaux qu'elles portent ne se limitent pas à elles seules, mais affectent également leurs familles et la communauté au sens large. Habillé d'une tonalité joyeuse, il est alors nécessaire d'instaurer des dialogues ouverts au sein des communautés, afin de dissiper les mythes autour de la sorcellerie et de favoriser une approche basée sur la compréhension et l'empathie.

En conclusion, notre carte géographique des régions où la sorcellerie est la plus stigmatisée révèle un tableau complexe façonné par des croyances culturelles, religieuses et politiques. En apprenant à reconnaître ces dynamiques, nous pouvons espérer réduire la stigmatisation et ouvrir un dialogue qui soit à la fois informatif et respectueux. L'avenir de la sorcellerie dans le monde islamique pourrait alors être celui d'une coexistence pacifique et d'une acceptation des différences, loin des peurs et des accusations.

Dans cette quête, la carte devient non seulement un outil de localisation, mais aussi un symbole d'espoir pour une société plus tolérante.

II. LA LÉGENDE DU SORCIER EMPRISONNÉ : ORIGINES ET CONTEXTE

La sombre légende du sorcier emprisonné trouve ses racines dans une époque où le mysticisme et la réalité s'entremêlaient. Cette histoire, oscillant entre mythes et vérités historiques, raconte l'aventure d'un sorcier doté de pouvoirs démesurés, craint et respecté par la société. Son habileté à manipuler les forces obscures le fit légende, mais sema également la peur parmi les puissants, déclenchant ainsi le début de sa chute.

1. La vie du sorcier avant sa captivité

Avant sa capture, le sorcier était une figure emblématique de puissance et de sagesse. Ses exploits, racontés au coin du feu, illustraient sa capacité à guérir les maladies incurables, à converser avec les esprits, et à contrôler les éléments. Cette période dorée fut marquée par un respect mêlé de crainte de la part de ceux qui croisaient son chemin.

2. Les circonstances de l'arrestation du sorcier

L'arrestation du sorcier ne fut pas le fruit du hasard, mais le résultat d'une longue traque orchestrée par un groupe de puissants envoûteurs jaloux de ses capacités.

Craignant sa montée en puissance et que ses potentiels desseins ne s'opposassent à leurs intérêts, ils l'accusèrent de haute-trahison à l'encontre du royaume. Armés de cette accusation, ils mirent en place un piège imparable qui conduisit à sa capture.

3. La détention du sorcier

La complexité des émotions vécues par le sorcier durant sa captivité démontre une lutte intérieure intense, se balançant entre la résignation et une rébellion silencieuse. Initialement, la prison symbolisait l'abysse de sa défaite, mais elle s'est progressivement muée en un sanctuaire d'introspection. La répression oppressante du lieu, loin de l'écraser, a servi de catalyseur pour une méditation profonde et un affinage de ses capacités magiques. L'isolement, bien que forcé, l'a confronté à ses limites physiques et psychiques, l'incitant à découvrir des forces intérieures jusqu'alors méconnues.

De manière inattendue, les murs de sa cellule sont devenus le théâtre d'une introspection où le passé, l'avenir, et sa relation au monde extérieur ont été réévalués dans un nouveau cadre de pensée. Cette période de réclusion lui a enseigné l'importance de la patience et du détachement, favorisant une élévation de sa perspective sur sa propre existence. Il a réalisé que sa plus grande prison n'était pas celle de pierre entourée de sortilèges, mais celle construite par ses propres peurs et désirs incontrôlés qui l'avaient inexorablement mené à sa chute.

L'enfermement solitaire a contraint le sorcier à un face-à-face avec son moi profond, révélant des vérités universelles sur le pouvoir et la liberté. Il a compris que les chaînes, même les plus lourdes, ne peuvent emprisonner un esprit résolu. Ainsi, entouré du silence de sa cellule, il a patiemment reconstruit son identité et ourdi des plans d'évasion qui transcendent le physique pour atteindre le spirituel. Cette période de détention, bien qu'entachée de moments de désespoir, s'est avérée être aussi un voyage transformateur vers la croissance personnelle.

4. La lutte pour la liberté

Dans sa quête pour retrouver la liberté, le sorcier forgea diverses alliances, tant avec d'autres prisonniers qu'avec certains gardes sympathisants. Son intelligence et sa connaissance de l'occulte lui permirent de concocter un plan d'évasion secret. Cette période fut également marquée par des conflits intérieurs, tant avec ses propres démons qu'avec d'autres détenus ou gardes résistant à ses tentatives d'évasion.

La fin de l'histoire du sorcier est enveloppée dans le mystère. Certains disent qu'il réussit finalement à s'échapper grâce à un sortilège si puissant qu'il effaça toute trace de son passage. D'autres racontent qu'il fut libéré dans le cadre d'une trêve entre les royaumes, utilisant ses pouvoirs pour le bien commun. Quelle que soit la vérité, la légende du sorcier et de sa prison reste gravée dans la mémoire collective, rappelant à tous le prix de la liberté et le pouvoir de la détermination.

5. Le ressenti du sorcier vis-à-vis de sa présence en prison

Le ressenti du sorcier durant sa captivité fut complexe, oscillant entre résignation et rébellion. La prison, tout d'abord perçue comme le gouffre de sa défaite, se transforma progressivement en un lieu d'introspection profonde. Malgré l'oppression écrasante, il y trouva un terrain fertile pour la méditation et l'affinement de ses pouvoirs.

La solitude forcée le confronta à ses propres limites, l'obligeant à puiser dans des réservoirs de force intérieure jusqu'alors inexplorés.

Paradoxalement, la prison devint une sorte de sanctuaire impie où il put réfléchir à ses erreurs passées, envisager son avenir avec lucidité, et repenser sa relation au monde extérieur. Cette captivité lui enseigna la patience et le détachement, lui permettant d'adopter une perspective plus élevée sur sa condition. Il comprit que la vraie prison n'était pas celle faite de pierres et de sortilèges, mais plutôt le carcan des peurs et des désirs non maîtrisés qui l'avaient conduit à sa perte.

La réclusion solitaire força le sorcier à se confronter à lui-même, ce qui lui révéla des vérités profondes sur la nature du pouvoir et de la liberté. Il découvrit que même les plus robustes chaînes ne pouvaient contraindre un esprit déterminé. Ainsi, dans le silence de sa cellule, il reconstruisit patiemment son identité, tissant des plans d'évasion non seulement physiques, mais spirituels. Sa captivité, bien que marquée par des périodes de désespoir, fut donc également une époque de croissance personnelle et de transformation.

CHAPITRE 4

ALTERNATIVES À L'EMPRISONNEMENT DU SORCIER PRÉDATEUR

I. PARCOURS ET EXPÉRIENCE CARCÉRALE DU SORCIER DÉTENU

1. Comportements du sorcier détenu et motivations à la pratique de la sorcellerie

• Les comportements du sorcier en prison

Les croyances et pratiques magiques ne s'arrêtent pas aux portes de la prison. Au contraire, elles s'adaptent et se transforment. Cette introduction vise à explorer les comportements typiques des sorciers incarcérés. Confrontés à l'environnement spécifique de la prison, ces individus trouvent des moyens de continuer à pratiquer leurs croyances, malgré les restrictions évidentes.

L'adaptation de la magie en milieu carcéral

En prison, l'espace et la confidentialité sont limités, obligeant les sorciers à modifier leurs pratiques rituelles. Ces adaptations peuvent inclure la simplification des rituels ou l'utilisation d'objets quotidiens comme substituts aux instruments magiques traditionnels. Cette capacité d'adaptation nous mène vers une utilisation responsable de la magie.

En effet, la magie a toujours fasciné l'humanité, suscitant des rêves d'évasion, de puissance et d'infini. Pourtant, il est crucial de se demander comment favoriser une meilleure compréhension de la magie afin de garantir des comportements responsables. Il nous paraît donc utile d'analyser les impacts d'une magie mal utilisée, illustrés par la métaphore de la prison, et de proposer des pistes pour une approche plus éclairée et éthique de la magie.

Dans un premier sens, la magie se veut un pouvoir à double tranchant. En fait, bien qu'animée d'une grande beauté, la Magie possède également des aspects sombres. Une mauvaise utilisation peut entraîner des conséquences désastreuses, illustrant ainsi que le pouvoir vient avec une grande responsabilité. Imaginez un sorcier qui utilise ses pouvoirs pour des actes égoïstes ; il finit par se retrouver prisonnier de ses propres choix, enfermé dans une réalité qu'il a lui-même façonnée.

Dans notre société moderne, des parallèles peuvent être tirés avec des comportements irresponsables tels que la manipulation des autres, l'instrumentalisation de la technologie, ou encore l'exploitation des points faibles des autres. Il est essentiel d'établir des mécanismes de réflexion et d'éducation sur l'utilisation éthique de la magie, apportant une meilleure compréhension de ses implications.

Face à ce tableau de la Magie, la prison se présente comme une métaphore des conséquences des mauvais usages de la Magie. La prison, dans ce contexte, peut être perçue non seulement comme un lieu de détention physique, mais aussi comme un état d'esprit. Lorsque la magie est mal utilisée, elle crée une forme de prison mentale et émotionnelle pour celui ou celle qui en abuse. Les sorciers qui choisissent de ne pas suivre des principes éthiques se retrouvent souvent isolés, perdant le contact avec leurs proches et la communauté.

Il est impératif d'enseigner aux futurs sorciers, qu'ils soient d'un autre monde ou de notre société d'aujourd'hui, qu'un pouvoir non régulé peut les piéger dans une réalité qu'ils auront contribué à construire. En ce sens, la prévention de cette « prison » passe par une éducation proactive, apprenant dès le jeune âge à considérer les effets de leurs actions sur autrui.

Il s'impose donc ici de promouvoir une utilisation éthique de la magie.

Pour favoriser une meilleure compréhension et un meilleur usage de la magie, plusieurs stratégies peuvent être mises en place. D'abord, l'éducation joue un rôle crucial. Les jeunes sorciers devraient être instruits non seulement sur les incantations et les potions, mais également sur les responsabilités qui accompagnent ces compétences.

À cela, il faut ajouter ensuite la création de forums de discussion. La mise en place de forums où les sorciers peuvent partager leurs expériences et échanger sur leurs pratiques réside dans une voie constructive. Ces espaces permettent également de discuter des conséquences de leurs actes, en favorisant une prise de conscience collective.

Un autre aspect essentiel est l'établissement de codes éthiques concernant l'utilisation de la magie. De la même manière que les médecins ont un code de déontologie, il serait judicieux d'introduire des principes qui guident l'usage de la magie. Cela pourrait inclure des règles telles que ne jamais utiliser la magie pour nuire aux autres, et porter une attention particulière aux conséquences de chaque acte magique.

À la suite de la question de l'éthique, chaque sorcier doit prendre conscience de sa propre responsabilité. Les choix effectués ne sont pas sans répercussions. La magie, par sa nature même, affecte le monde autour de nous, et il est vital de rester vigilant quant à l'impact de nos actions. Cela nécessite une introspection constante et un engagement à évoluer et à apprendre. Le respect de l'autre, de son environnement et de soi-même doit devenir la norme, pas l'exception.

Des études de cas et des exemples concrets existent.

Les contes et légendes, en effet, sont remplis d'histoires de sorciers qui se sont retrouvés pris au piège de la magie qu'ils ont choisi d'utiliser sans discernement. Ces récits peuvent servir de point de départ pour des discussions plus profondes sur les implications morales de l'utilisation de la magie.

Des histoires comme celle de Merlin, qui, malgré ses pouvoirs, a souvent dû faire face aux conséquences de ses choix, nous rappellent l'importance de réfléchir avant d'agir. Ces exemples, bien que fictifs, résonnent profondément avec les vérités humaines fondamentales.

En somme, la magie, tout en étant un potentiel illimité de créativité et d'émerveillement, doit être utilisée avec sagesse. La prison, en tant que symbole des conséquences d'une magie mal employée, nous invite à réfléchir à nos actes et à notre impact sur le monde. En favorisant une éducation centrée sur la responsabilité et l'éthique, nous pouvons construire un avenir où la magie sera non seulement une source de plaisir et de joie, mais également un outil de bienveillance et de compréhension. La magie appartient à ceux qui l'utilisent avec amour et sagesse, pour un monde meilleur.

• Les motivations à la pratique de la sorcellerie chez le sorcier détenu

L'exploration des croyances et pratiques traditionnelles liées à la sorcellerie parmi les détenus révèle un monde complexe et nuancé. Derrière les barreaux, les motifs menant à la pratique de la sorcellerie sont variés, allant de la recherche de protection contre les dangers de la vie carcérale, à la quête de pouvoir ou d'influence sur les autres détenus et le personnel. Cette démarche est vue comme un moyen pour les prisonniers de retrouver un certain contrôle sur leur environnement, très limité et contraint.

Le contexte carcéral, caractérisé par l'isolement, le désespoir et la confrontation à la violence, peut influencer et parfois intensifier les pratiques magiques.

Essayons dès lors d'évoquer ici des motivations qui peuvent pousser un sorcier détenu à pratiquer la sorcellerie.

En premier lieu, il est essentiel de comprendre que la sorcellerie peut offrir une forme de pouvoir, un sentiment de contrôle en période d'incertitude. Pour un détenu, les circonstances de l'incarcération peuvent être éprouvantes. Loin de la société, les individus se sentent impuissants et vulnérables. Dans ce contexte, l'art de la sorcellerie peut devenir un moyen d'affirmer une identité et de retrouver une certaine maîtrise de son existence. La sorcellerie leur permet de transcender une réalité ingrate, de se donner les moyens d'influencer leur environnement, même de façon symbolique.

Ensuite, il ne faut pas négliger l'aspect communautaire de la sorcellerie. Dans les prisons, la solidarité et les échanges entre détenus peuvent donner lieu à une culture particulière, où la sorcellerie devient un lien social. Pratiquer la sorcellerie en groupe peut renforcer les liens d'amitié et de camaraderie, permettant à chacun de se sentir moins isolé. Cela crée un terreau fertile pour le partage de croyances et de rituels, où chacun trouve un sens à son existence et à son expérience collective. La camaraderie ainsi développée peut servir de réconfort et de soutien face à l'adversité de la détention.

Par ailleurs, des détenus peuvent se tourner vers la sorcellerie comme un moyen d'accomplir des rituels de protection. Dans un environnement très souvent hostile, où la survie est une priorité, la pratique des arts occultes peut être perçue comme une manière d'aspirer à la sécurité. Que ce soit pour se protéger des autres détenus ou pour se prémunir contre des événements négatifs, les rituels de sorcellerie instillent un sentiment de sécurité, même si ce n'est que psychologique. Ce besoin de protection est naturel, et la sorcellerie apparaît alors comme une réponse à des angoisses profondes.

En outre, la sorcellerie sert de moyen d'échapper à la réalité. L'isolement, la monotonie et le stress de la vie carcérale poussent certains détenus à chercher refuge dans des pratiques occultes. Dans cet espace-temps clos, la sorcellerie représente une porte d'entrée vers d'autres mondes, d'autres réalités. Ce processus d'évasion est empreint d'une quête de sens, juxtaposé à la quête de liberté. Ce besoin d'élargir ses horizons malgré des murs physiques oppressants est un moteur puissant.

Cependant, il est important de ne pas réduire la sorcellerie à une simple réponse aux difficultés de l'incarcération. Il existe également des croyances et des traditions familiales qui peuvent influencer la décision de s'adonner à la sorcellerie. Pour certains, il s'agit d'un héritage culturel, transmis de génération en génération. C'est une manière de conserver un lien avec leurs racines, une façon de rester connectés à leur passé. Dans un contexte d'enfermement, cet ancrage peut revêtir une importance particulière. Les rituels de sorcellerie peuvent ainsi devenir des symboles de résistance et d'identité, permettant aux détenus de revendiquer qui ils sont, même dans des circonstances difficiles.

En conclusion, les motivations à la pratique de la sorcellerie chez le sorcier détenu sont diverses et complexes. Elles vont de la recherche de pouvoir et de contrôle à des raisons communautaires, de protection, d'évasion et d'héritage culturel. Loin d'être une simple distraction, la sorcellerie peut offrir des réponses à des besoins psychologiques profonds et jouer un rôle essentiel dans la construction d'identités au sein du monde carcéral. Dans un cadre où l'espoir peut s'estomper, la sorcellerie apparaît comme un recours, une étoile scintillante dans l'obscurité du quotidien.

2. Statut et position sociale du sorcier détenu face à la récidive

• Le statut des sorciers en prison

La question du statut des sorciers en prison interroge de diverses manières, autant sur le plan juridique que sur celui des conditions de vie quotidienne. Les fondements juridiques définissant le statut des sorciers en détention sont cruciaux pour assurer une juste application des droits et des restrictions spécifiques à leur nature. Dans ce cadre, les « législations magiques » prennent en compte la capacité des sorciers à user de leur pouvoir et à interagir avec le monde non magique, ce qui nécessite des mesures adaptées.

• Position sociale du sorcier détenu et récidive

La figure du sorcier dans notre société est entourée de mystères et de préjugés. Dans de nombreuses cultures, il est perçu comme un acteur à la fois craint et respecté. Cependant, lorsque ce sorcier se retrouve en détention, sa position sociale évolue, et avec elle, les mécanismes de récidive qui peuvent en découler. Notons par ailleurs que l'impact de la stigmatisation sociale sur le sorcier détenu est profond et multifacette. Cette analyse révèle comment les préjugés et l'exclusion sociale subis par ceux qui sont étiquetés comme sorciers les marginalisent au sein de la société. Cette marginalisation est d'autant plus exacerbée lorsqu'ils se retrouvent dans le système pénal, où la croyance en la sorcellerie influence négativement leur position sociale et limite leurs interactions avec les autres détenus ainsi qu'avec le personnel pénitentiaire.

Les mécanismes de défense et d'adaptation développés par les sorciers en détention sont cruciaux pour leur survie émotionnelle et sociale. La position sociale, ici, fait aussi référence à la perception du sorcier en société.

Dans plusieurs cultures, en effet, les sorciers sont souvent vus comme des guérisseurs ou des sages, jouant un rôle essentiel dans la communauté. Toutefois, lorsque des accusations de sorcellerie liées parfois à des superstitions ou à des conflits personnels émergent, la position de ces individus se dégrade instantanément. Ils deviennent alors des exclus, stigmatisés et marginalisés. Ce changement de statut peut créer un cycle vicieux où le sorcier, dans la position de détenu, perd ses soutiens communautaires et voit ses chances de réhabilitation diminuer.

La détention d'un sorcier a des répercussions profondes. En prison, l'individu peut être confronté à l'isolement social et à des expériences traumatisantes. La perception de leur magie ou de leurs croyances peut également être mal comprise par les autres détenus ou par les gardiens, renforçant les sentiments d'aliénation. Ce climat hostile peut exacerber des comportements antisociaux et conduire certains à des actes criminels réitérés après leur libération, non pas par une intention malveillante, mais par un besoin maladif de retrouver une place dans un monde où ils se sentent exclus.

L'analyse des mécanismes de récidive pousse à dire que lorsqu'un sorcier est libéré de prison, plusieurs facteurs pourraient potentiellement favoriser sa récidive :

1. Un souci de réintégration sociale : les sorciers libérés font couramment face à un manque de soutien social, car leur position et leur image dans la communauté ne sont pas rétablies. Cette exclusion peut les pousser à retourner vers des comportements problématiques ou à rechercher

des groupes qui valident leur identité antérieure, même si cela implique des activités illégales.

2. L'absence d'options de réhabilitation : dans de nombreux systèmes judiciaires, il y a un manque de programmes adaptés pour les sorciers ou ceux accusés de sorcellerie. Les répercussions de la stigmatisation rendent difficile l'accès à des ressources qui pourraient aider à leur réintégration, comme l'éducation ou l'emploi.

3. Une identité marquée par la détention : la détention change la perception de soi. Un sorcier qui a vu son identité définie par sa détention peut voir la récidive comme une méthode pour revendiquer son ancien statut ou pouvoir, perçu comme un affront à la société qui l'a rejeté.

En résumé, la position sociale du sorcier détenu est marquée par des transformations complexes qui influencent la possibilité de récidive. La manière dont la société perçoit ces individus, les conséquences de leur détention et le manque de soutien à la réintégration jouent un rôle significatif dans leur retour à des comportements déviants. Travailler vers une meilleure compréhension et une réhabilitation plus efficace pourrait contribuer à réduire ce cycle de récidive et à favoriser des chemins de réinsertion plus positifs pour ceux qui sont considérés comme sorciers. Le dialogue autour de leur place dans la société est ainsi crucial pour encourager un changement constructif et inclusif.

• L'expérience carcérale d'un sorcier coupable de délit de sorcellerie et récidive

La sorcellerie, bien qu'ancrée dans les mythes et légendes, trouve une résonance particulière dans le système juridique actuel lorsqu'elle est considérée comme un délit. Le cadre juridique de la sorcellerie et les conditions de récidive sont strictement définis, plaçant toute personne reconnue coupable de ces actes dans une position délicate vis-à-vis de la loi. L'arrestation et l'inculpation d'un sorcier sont des procédures encadrées qui mènent, après un processus judiciaire distinct, à une condamnation à une peine carcérale.

Les défis en milieu carcéral

Dans le monde fascinant de la magie, l'image du sorcier est associée à des exploits grandioses et à des aventures épiques.

Cependant, que se passe-t-il lorsque ce sorcier se retrouve dans un environnement aussi restrictif et hostile que celui d'une prison ?

Une fois en prison, la vie quotidienne pour un sorcier condamné se complique notablement. Les défis spécifiques rencontrés sont entre autres :

Des défis psychologiques : Le premier défi majeur qu'un sorcier puisse rencontrer en prison est le stress psychologique. Loin de sa communauté magique, le sorcier se retrouve isolé, souvent dépourvu de ses outils et de ses sorts. Cette séparation peut engendrer un sentiment d'abandon et une crise d'identité. De plus, la routine grise et répétitive de la vie carcérale est susceptible de faire grimper en flèche l'angoisse. Pour remédier à cette situation, certains sorciers essaient d'appliquer leur magie de manière discrète, créant des illusions pour alléger leur quotidien. Cependant, ces tentatives peuvent se retourner contre eux si elles sont découvertes.

Des défis physiques : Ensuite, les défis physiques sont indéniables. Dans une prison, le sorcier a accès à des ressources limitées. Les potions, les herbes et les éléments nécessaires à la pratique de la magie peuvent être absents. Ainsi, le sorcier doit faire preuve de créativité et d'ingéniosité. Par exemple, il pourrait transformer des objets du quotidien en outils magiques. Un simple mouchoir pourrait devenir une carte de tarot en un rien de temps. Toutefois, il doit également se méfier des gardiens qui pourraient le surveiller de près, cherchant à déceler toute forme de magie illicite.

Des défis sociaux : Les défis sociaux jouent également un rôle central. La dynamique des relations interpersonnelles en prison est complexe. Un sorcier, par exemple, doit naviguer dans un environnement où la méfiance et la rivalité sont omniprésentes. Les autres détenus peuvent voir en lui un concurrent ou une menace potentielle. Dans des moments de tension, le sorcier pourrait être tenté de recourir à la magie pour se défendre ou pour gagner l'audience des autres. Cependant, une telle utilisation de la magie pourrait avoir des conséquences désastreuses, le mettant davantage en danger.

Malgré ces nombreux défis, l'humour peut souvent servir d'échappatoire. Les sorciers, forts de leur ingéniosité, peuvent trouver des moyens de plaisanter sur leur situation. Les jeux de mots, les légendes sur les prisons, ou même des sortilèges humoristiques peuvent alléger l'atmosphère pesante. Faire rire les autres peut renforcer les relations, créer une solidarité et transformer une journée morne en un moment de camaraderie. Cela montre que même dans les endroits les plus sombres, la magie, sous sa forme la plus pure, peut resplendir.

Enfin, il est essentiel d'aborder la question de la réhabilitation. Au fond, un sorcier en prison pourrait utiliser son temps pour réfléchir sur ses actions, apprendre de ses erreurs et se préparer à un avenir différent. Les défis qu'il rencontre le poussent à se développer, à découvrir de nouvelles pratiques magiques, voire à se tourner vers l'enseignement et le mentorat d'autres détenus. C'est un moyen de transformer une expérience négative en quelque chose de constructif. L'idée que même un sorcier peut changer et se réinventer est une magie que nous devons tous embrasser.

En somme, les défis du sorcier en milieu carcéral sont variés et complexes. Qu'il s'agisse de défis psychologiques, physiques ou sociaux, chaque obstacle peut aussi être une opportunité de grandir et d'apprendre. Le chemin d'un sorcier derrière les barreaux n'est pas seulement pavé de difficultés, mais également d'une incroyable résilience et d'une capacité à voir le monde d'une manière différente. La magie ne se limite pas à des sorts et des potions ; elle réside aussi dans la force intérieure de chacun pour surmonter les adversités. Par conséquent, même si la vie en prison est un défi, il y a toujours une étincelle de magie, d'espoir et de possibilité.

3. Le profil psychologique du sorcier détenu

Le monde occulte des sorciers, lorsqu'il se heurte au système judiciaire, révèle des dynamiques complexes et des enjeux psychologiques profonds. Les sorciers détenus présentent un ensemble de caractéristiques et de réponses psychologiques qui méritent une analyse détaillée, pour mieux comprendre non seulement leur comportement en détention, mais également les répercussions de cette expérience sur leur identité magique et leur avenir.

• Les implications de l'étude de la psychologie d'un sujet

L'étude de la psychologie revêt une importance majeure dans notre quête de compréhension du comportement humain. Cette discipline, qui explore les profondeurs de l'esprit humain, permet de dévoiler les mystères derrière nos actions, réactions et interactions. L'impact monumental de la psychologie se manifeste notamment dans sa capacité à influencer positivement notre développement personnel et professionnel, en nous fournissant les outils nécessaires pour mieux comprendre non seulement les autres, mais également nous-mêmes.

L'importance de la psychologie

L'étude de la psychologie est essentielle pour comprendre le comportement humain et ses motivations profondes. En effet, la psychologie nous aide à analyser les mécanismes qui régissent nos actions, non seulement d'un point de vue théorique, mais aussi pratique. Dans cet essai, nous allons explorer l'importance de l'étude de la psychologie à la fois en général et en référence à un cas particulier : un sorcier détenu.

À première vue, la psychologie pourrait sembler être une discipline éloignée de nos préoccupations quotidiennes. Cependant, elle joue un rôle crucial dans notre compréhension des relations interpersonnelles, des conflits, et même des phénomènes culturels. L'étude de la psychologie nous a permis non seulement de mieux comprendre autrui, mais aussi d'approfondir notre propre connaissance de nous-mêmes. Par exemple, face à des opinions divergentes, ce savoir nous aide à décrypter les comportements et à réagir avec justesse et empathie.

Prenons maintenant le cas d'un sorcier détenu. Dans un contexte fictif ou réel, la situation d'un sorcier, bien qu'extravagante, peut être un excellent moyen d'illustrer les implications psychologiques de la détention. Pourquoi ce sorcier a-t-il choisi d'enfreindre la loi ? Quelles sont les motivations qui l'ont poussé à agir ainsi ? Ces questions sont au cœur de l'analyse psychologique.

Le sorcier peut représenter une personnalité qui se sent marginalisée ou incomprise par la société. L'étude de sa psychologie pourrait révéler des traumatismes passés, des envies de pouvoir ou un besoin de reconnaissance. Comprendre le parcours psychologique de cet individu permettrait de susciter une empathie, mais aussi de questionner le système judiciaire. Ce dernier pose un regard punitif sur les actes déviants, alors qu'une approche psychologique pourrait offrir des solutions orientées vers la réhabilitation plutôt que la punition seule.

Dans un sens plus large, cette situation illustre comment la société a tendance à classer les individus en fonction de leurs actions sans tenter de comprendre la psychologie derrière ces actions. C'est un rappel puissant de l'importance d'une approche holistique dans la gestion des comportements humains. Les lois et les coutumes devraient évoluer en tenant compte des dynamiques psychologiques des sujets, afin d'encourager un cadre de vie plus inclusif et compréhensif.

Le bonheur et l'épanouissement personnel découlent également d'une bonne compréhension de notre propre psychologie. En apprenant à connaître nos motivations, nos peurs et nos désirs, nous nous donnons les moyens de vivre de manière plus authentique. La psychologie nous enseigne à être conscients de nos émotions, à les gérer et, par conséquent, à interagir avec les autres de manière plus positive. Cela est essentiel non seulement pour notre bien-être personnel, mais aussi pour construire des relations sociales saines.

Au-delà de la sphère personnelle, l'étude de la psychologie a des implications vastes dans de nombreux domaines, qu'il s'agisse de la médecine, de l'éducation ou encore du travail. Par exemple, dans le domaine éducatif, comprendre la psychologie des étudiants peut aider les enseignants à adapter leurs méthodes d'enseignement pour répondre aux besoins individuels de chaque élève. Dans le monde professionnel, la psychologie peut améliorer la dynamique d'équipe et la productivité, en permettant aux gestionnaires de mieux comprendre les motivations de leurs employés.

En conclusion, l'étude de la psychologie, tant au niveau général qu'en référence au cas d'un sorcier détenu, est primordiale pour comprendre les comportements humains et leurs implications. Elle nous invite à faire preuve de compassion, à réfléchir aux causes sous-jacentes des actes, et à bâtir une société plus juste et éclairée. La psychologie ne se limite pas à l'analyse des comportements, mais elle est également un outil puissant pour la transformation sociale et individuelle. En célébrant et en intégrant ces connaissances dans notre vie quotidienne, nous pouvons tous contribuer à un monde où l'empathie et la compréhension prévalent.

• La psychologie du sorcier détenu dans les prisons classiques

Identification et caractéristiques psychologiques

Les sorciers détenus dans les prisons traditionnelles présentent un ensemble unique de caractéristiques psychologiques. Ces individus, isolés en raison de leurs croyances et pratiques, montrent une résilience mentale face à l'adversité. Cependant, l'environnement carcéral exerce une pression considérable, influençant leur état psychologique et leurs pratiques magiques.

Impacts de l'environnement carcéral

L'ambiance et les conditions de vie dans les prisons classiques peuvent avoir un impact significatif sur la psychologie des sorciers détenus. Le confinement et la surveillance constante peuvent altérer leur perception de la magie et leur appréhension du social.

L'univers carcéral est perçu comme un lieu de punition, mais ses effets vont bien au-delà des simples barreaux. Les sorciers détenus, en particulier, subissent des impacts spécifiques en raison de leurs croyances et pratiques uniques. Cette rubrique se propose de relever ces impacts en proposant des pistes de solutions efficaces pour améliorer leur bien-être tout en respectant leurs cultures.

Les impacts de l'environnement carcéral sont entre autres :

- Isolement social et culturel

L'un des effets les plus significatifs de l'incarcération sur les sorciers est l'isolement. Dans un environnement où la croyance en la magie et les pratiques spirituelles ne sont pas comprises ou sont même rejetées, ces individus peuvent se sentir particulièrement déconnectés de leur culture et de leur identité. C'est un véritable défi pour leur santé mentale : l'absence de soutien communautaire peut exacerber des sentiments de solitude et de désespoir.

- Stigmatisation et discrimination

Les sorciers, en tant que figures mal comprises, peuvent faire face à une stigmatisation et à une discrimination accrues, tant de la part des autres détenus que du personnel pénitentiaire. Cette hostilité crée un environnement hostile, ce qui complique davantage leur réhabilitation et leur réintégration à la société. Il est essentiel qu'un climat de respect et d'acceptation soit cultivé au sein des établissements pénitentiaires.

- Perturbation spirituelle

Les croyances et pratiques spirituelles des sorciers jouent un rôle essentiel dans leur identité. L'enfermement dans un espace où ces pratiques ne peuvent pas être exercées engendre un déséquilibre spirituel. En supprimant leurs rituels et leur connexion avec le monde spirituel, leurs troubles mentaux peuvent être exacerbés.

Propositions de solutions

Pour atténuer les impacts négatifs de l'environnement carcéral sur les sorciers détenus, plusieurs solutions peuvent être envisagées :

Formation du personnel pénitentiaire

Sensibiliser le personnel pénitentiaire à la diversité culturelle et spirituelle est crucial. Une formation adéquate pourrait favoriser la compréhension et promouvoir un environnement inclusif. Cela permettrait de réduire la discrimination et d'améliorer les relations entre le personnel et les détenus.

Création de groupes de soutien

Établir des groupes de parole ou des cercles spirituels au sein des prisons permettrait aux sorciers de partager et d'exprimer leurs croyances dans un cadre sécurisé. Ces groupes pourraient servir de plate-forme pour tisser des liens entre détenus et favoriser un sentiment de communauté.

Accès à des ressources culturelles

Fournir des ressources comme des livres ou autres matériels liés à leur culture et à leurs pratiques spirituelles pourrait jouer un rôle essentiel dans leur bien-être. Ces ressources offriraient aux sorciers la possibilité de se reconnecter avec leurs racines même dans un environnement restrictif.

Inclusion de pratiques spirituelles dans la prise en charge

Encourager l'utilisation de pratiques spirituelles comme moyen de réhabilitation pourrait apporter des bénéfices significatifs. Des séances de méditation ou des rituels adaptés pourraient aider à la gestion du stress et à l'amélioration du bien-être mental des détenus.

En somme, les impacts de l'environnement carcéral sur les sorciers détenus sont nombreux et variés, incluant l'isolement, la stigmatisation et la perturbation spirituelle. En mettant en œuvre des solutions pragmatiques, telles que la formation du personnel, la création de groupes de soutien et l'accès à des ressources culturelles, nous pouvons favoriser un environnement plus respectueux et inclusif. En reconnaissant et en valorisant la diversité spirituelle et culturelle, nous contribuons à la réhabilitation et à la réintégration des sorciers dans la société, tout en célébrant la richesse de la diversité humaine.

4. Expérience carcérale et réintégration d'un sorcier

Les circonstances menant à la détention d'un sorcier pour délit de sorcellerie sont souvent entourées de mystères et de controverses. Accusés de pratiquer des rituels interdits ou d'utiliser leurs pouvoirs à des fins malveillantes, ces individus se retrouvent rapidement derrière les barreaux, où une nouvelle réalité les attend. La vie quotidienne en prison pour un sorcier diffère significativement de celle des autres détenus en raison de leurs capacités supposément magiques. Ces pouvoirs peuvent altérer considérablement leur expérience carcérale, offrant à la fois des avantages en matière de confort et de sécurité, mais aussi des risques accrus de conflits avec les autres prisonniers et le personnel.

La réintégration d'un sorcier détenu dans la société, quant à elle, est un sujet qui soulève de nombreuses questions sur les expériences carcérales et les mécanismes socio-judiciaires en jeu.

Examinons tout d'abord les expériences carcérales du sorcier. Un sorcier détenu, en effet, fait face à des conditions de vie difficiles en prison. Les cellules peuvent être surpeuplées et la vie quotidienne marquée par un manque de liberté et d'interactions sociales. Cependant, la période de détention peut aussi être vue comme une opportunité de transformation personnelle. Dans cet environnement, certains détenus découvrent de nouvelles passions ou des compétences qu'ils n'auraient jamais explorées en dehors de la prison. Les activités artistiques ou éducatives, lorsqu'elles sont disponibles, peuvent jouer un rôle clé dans cette transformation.

La perception de la magie dans certains systèmes pénitentiaires peut être complexe. Les gardiens et les autres détenus peuvent voir le sorcier comme un être mystérieux, ce qui pourrait conduire à des stéréotypes négatifs. Dans certains cas, cela renforce l'isolement, tandis que dans d'autres, cela veut dire qu'il y a une curiosité qui peut servir de point de départ pour des dialogues constructifs.

Au niveau de la réintégration sociale, une fois libéré, le processus de réintégration commence.

Ce processus est crucial pour aider le sorcier à retrouver sa place dans la société. Les mécanismes de réintégration incluent des programmes de soutien qui visent à faciliter la transition.

- Accompagnement psychologique : L'un des premiers pas pour un sorcier libéré est le soutien psychologique. Ce soutien est essentiel pour traiter les traumatismes causés par l'incarcération. Les professionnels de la santé mentale peuvent aider à surmonter les peurs et les angoisses qui résultent de l'expérience carcérale.

- Éducation et formation : L'accès à l'éducation est primordial. Les programmes de réinsertion proposent souvent des formations qui aident les détenus à acquérir de nouvelles compétences. Cela peut comprendre des cours de magie, des arts, ou des compétences pratiques pour les aider à trouver un emploi.
- Réseautage et soutien communautaire : Être entouré d'un réseau positif est vital. Les groupes de soutien et les organisations communautaires jouent un rôle clé dans la réintégration. Ils offrent un espace où les ex-détenus peuvent partager leurs expériences, créer des liens et bénéficier d'un environnement accueillant.
- Bénévolat et implication sociale : Encourager le sorcier à s'impliquer dans des activités bénévoles peut également favoriser un sentiment d'appartenance. En contribuant positivement à la vie de la communauté, il renforce sa position sociale tout en aidant les autres.

Au niveau des mécanismes en vigueur pour faciliter ce processus de réintégration, ils doivent être bien structurés. À cet effet, les gouvernements et les ONG collaborent souvent pour créer des programmes efficaces.

- Programmes gouvernementaux : Un bon exemple serait la mise en place de lois qui favorisent l'emploi des ex-détenus. Ces lois peuvent prévoir des incitations pour les employeurs qui évitent de discriminer à l'embauche.
- Associations spécialisées : Il existe des associations qui travaillent spécifiquement avec des sorciers, apportant une expertise sur leurs besoins uniques. Elles organisent des ateliers, des sessions

d'information et fournissent un soutien logistique pour les ex-détenus.

En somme, la réintégration d'un sorcier détenu dans la société est un processus complexe, mais enrichissant. Les conditions de vie en prison peuvent avoir un impact significatif sur la personnalité et les compétences d'un individu. Cependant, avec un bon soutien, il est possible de surmonter ces défis.

Ensemble, les mécanismes d'accompagnement, éducatifs et communautaires jouent un rôle fondamental dans ce parcours. En favorisant un climat de compréhension et d'acceptation, la société peut non seulement aider un individu à se reconstruire, mais également bénéficier de la richesse de son expérience unique. Face à ces défis, nous avons l'opportunité de bâtir une société qui célèbre la diversité, y compris celle des sorciers, et qui accorde une seconde chance à tous.

• L'expérience carcérale d'un sorcier : du délit à la repentance

La sorcellerie, vue à travers les âges comme un art mystique, trouve aujourd'hui sa place dans un cadre juridique rigoureux. La pratique de la sorcellerie, enveloppée de mystère et de préjugés, a conduit à la mise en place de lois spécifiques visant à réguler ces pratiques occultes. Ces législations ont pour but de protéger le public contre d'éventuels abus tout en respectant les libertés individuelles. La contextualisation de la sorcellerie dans ce cadre législatif est cruciale pour comprendre les implications de sa pratique et les raisons pour lesquelles un individu peut se retrouver devant la justice.

• Expérience carcérale du sorcier et impact sur les pratiques de sorcellerie

Le contexte historique des lois relatives aux délits de sorcellerie révèle une grande variabilité à travers les cultures, dénotant la complexité de la criminalisation de la sorcellerie. Historiquement, ces lois ont reflété les peurs et les préjugés prévalant dans les sociétés, entraînant la persécution de ceux qui étaient perçus comme des sorciers.

Description de l'expérience carcérale

Les sorciers reconnus coupables de délits de sorcellerie faisaient face à des conditions de détention précaires. Soumis à l'isolement, à la stigmatisation et parfois maltraités tant par le personnel pénitentiaire que par d'autres détenus, leur quotidien en prison était marqué par une lutte constante pour la survie.

5. Caractéristiques générales et background

La plupart des sorciers détenus partagent un historique de marginalisation ou d'événements traumatisants antérieurs à leur incarcération. Ces expériences passées, combinées avec la rupture brutale de leur liberté, façonnent leurs réactions psychologiques.

L'univers des sorciers a toujours fasciné, tout autant qu'il a été sujet à des préjugés et à des malentendus. Une figure emblématique de cette fascination est celle du sorcier en prison. Cette rubrique se penche sur les caractéristiques générales de ces personnages, en mettant en lumière le contexte qui entoure leur détention. Nous explorons comment les histoires de marginalisation et de traumatismes influencent les vies des sorciers incarcérés, ainsi que les conséquences psychologiques de leur incarcération.

La figure du sorcier : entre stigmate et pouvoir

Le sorcier est très souvent perçu comme un personnage mystérieux, aux compétences étranges, oscillant entre bienveillance et malveillance. Dans de nombreuses cultures, les sorciers sont les dépositaires de savoirs ancestraux ou de pratiques occultes. Cependant, cette aura de mystère est accompagnée de stigmatisation. Les sorciers sont fréquemment marginalisés, considérés comme des parias, et leur pouvoir est redouté. Cette marginalisation est parfois à l'origine de leur arrestation.

Historique de marginalisation

Les sorciers détenus partagent généralement un passé marqué par la marginalisation. Avant leur incarcération, beaucoup ont vécu dans des conditions précaires, discriminatoires, où leur statut social les a poussés à des comportements d'adaptation mal perçus par les sociétés dans lesquelles ils évoluent. Ce contexte d'isolement social et d'incompréhension crée un terreau fertile pour les événements traumatisants qui les touchent.

Événements traumatisants

Les expériences traumatisantes, qu'elles soient physiques, mentales ou émotionnelles, font partie de la vie des sorciers avant leur détention. Ces événements peuvent inclure des abus, des persécutions religieuses, ou encore des pertes importantes (comme la mort d'un proche). Chaque expérience traumatique s'ajoute à un lourd bagage qui façonne leur perception de la société et de soi. Lorsqu'ils se retrouvent en prison, ces expériences deviennent des facteurs exacerbant leur détresse psychologique.

La rupture de liberté

Être incarcéré signifie non seulement perdre sa liberté, mais cela implique également une rupture brutale avec tout ce qui donne un sens à l'existence. Pour un sorcier, cette perte peut être encore plus difficile à gérer, car son identité est liée à sa pratique et à sa place dans la communauté. La captivité entraîne un sentiment d'impuissance, accentuant les traumatismes passés et entraînant dans certains cas des comportements autodestructeurs ou des réactions violentes.

Réactions psychologiques

La privation de liberté a des répercussions considérables sur la santé mentale des incarcérés. Les sorciers, déjà vulnérables à cause de leur histoire personnelle, peuvent ressentir des sentiments d'anxiété, de dépression ou de rage. Ces émotions, accumulées à cause de l'isolement et des souvenirs douloureux, les amènent à une spirale de comportements négatifs, potentiellement en conflit avec les gardiens de la prison ou d'autres détenus.

Vers une réhabilitation

Il est essentiel de prendre en compte l'histoire de chaque détenu pour favoriser leur réhabilitation. Si l'on veut aider les sorciers détenus à se reconstruire, il est fondamental de leur offrir un soutien psychologique approprié qui tient compte de leur passé. Des programmes de thérapie, de réinsertion sociale, et de reconnexion avec leur culture ou leur spiritualité pourraient jouer un rôle clé dans leur processus de guérison.

Pour clore, le parcours des sorciers en prison est semé d'embûches, marqué par un historique personnel difficile et des réactions psychologiques en réponse à leur détention. En mettant en lumière les défis spécifiques auxquels ils sont confrontés, nous pouvons mieux comprendre leur condition et favoriser des stratégies de réhabilitation qui prennent en compte à la fois leur passé et les potentiels de régénération et d'apprentissage. Cela nous rappelle que derrière chaque détenu se cache une histoire, un être humain ayant droit à une seconde chance.

II. UNE FORME SPÉCIFIQUE DE PRISON POUR LA TRANSFORMATION DU SORCIER

1. La « chasse aux sorcières » par l'audition

• Actions majeures pour le développement de l'Afrique

Pour le développement de l'Afrique, il est impératif de mener des actions concertées au sujet de la question de la chasse aux sorcières et de celle de l'émancipation de tous par l'économie. La chasse aux sorcières, orchestrée par des auditions en OPC, vise à éradiquer les influences néfastes tout en protégeant la cohésion sociale. Toutefois, une dimension punitive ne saurait suffire à long terme. Il faut envisager la réintégration des individus avec des projets comme le PAIG (Programme d'Avenir Inclusif Généralisé), qui promeut une économie basée sur le bien-être et la participation de tous.

Le PAIG encourage des initiatives économiques où chaque membre de la société peut contribuer et prospérer, réduisant ainsi le recours à des méthodes occultes pour gagner en influence ou en richesse. En garantissant une distribution plus équitable des ressources et en favorisant l'éducation et la compréhension des sciences occultes dans un cadre éthique, l'Afrique peut espérer transformer les pratiques destructrices en un héritage culturel plus positif.

Retenons que la sorcellerie, à la croisée des mondes physiques et spirituels, pose un défi complexe tant pour les sociétés traditionnelles que modernes. En explorant le rapport entre l'homme et cette pratique, en reconnaissant les réalités vécues par les sorciers en détention, et en formulant des stratégies de développement intégrées comme le PAIG, nous pouvons espérer une approche plus équilibrée et constructive face à ce phénomène. Le chemin vers une pratique de la sorcellerie régulée et intégrée dans le cadre d'une dynamique de développement pourrait ainsi émerger comme une solution viable pour l'Afrique et au-delà.

• Les centres de réadaptation psychique : une vue d'ensemble

Les centres de réadaptation psychique jouent un rôle primordial dans le soutien aux personnes souffrant de troubles mentaux. Leur objectif est de fournir un cadre propice au rétablissement et à l'amélioration du bien-être mental. À travers une variété de services, allant du soutien psychologique individuel aux programmes thérapeutiques de groupe, ces centres visent à faciliter le parcours de guérison de leurs patients.

Services offerts

Thérapie individuelle pour une attention personnalisée.

Groupes de soutien pour partager expériences et conseils.

Programmes d'habiletés sociales pour faciliter la réintégration.

Activités thérapeutiques comme la musicothérapie ou l'art-thérapie.

Processus d'admission

L'admission dans un centre de réadaptation psychique débute généralement par une évaluation complète de l'état de santé mentale de l'individu, suivi d'une recommandation thérapeutique adaptée. Les critères d'admission varient en fonction du centre et de la gravité des troubles présentés.

Méthodes thérapeutiques

Les méthodes employées dans ces centres diffèrent largement, englobant des approches psychodynamiques, cognitivo-comportementales, et humanistes. L'objectif est toujours d'offrir un traitement adapté aux besoins spécifiques de chaque patient, visant une amélioration significative de leur condition.

Témoignages futurs et résultats

Nombreux seront les patients qui témoigneront d'une expérience positive au sein de ces centres, notant une amélioration de leur qualité de vie et une diminution des symptômes. Les résultats attendus peuvent inclure une meilleure gestion du stress et de l'anxiété, une augmentation de l'estime de soi, et une réintégration plus aisée dans les activités quotidiennes.

Enjeux actuels

Les centres de réadaptation psychique font face à de nombreux défis, notamment en termes de financement et de manque de ressources humaines spécialisées. À cela s'ajoute la stigmatisation persistante autour des maladies mentales, rendant parfois difficile l'accès aux soins nécessaires pour les personnes en souffrance.

- **Réalités du sorcier en détention**

Lorsqu'on aborde les réalités carcérales d'un sorcier, il convient de distinguer l'incarcération physique de l'internement dans un centre d'audition OCVP (Ordre de Contrôle et de Veille Anti-Prédation). En prison, le sorcier subit une double peine : la privation de sa liberté et l'isolement de ses sources spirituelles et mystiques.

- **Transformation du sorcier en prison**

La personnalité du sorcier avant son incarcération se caractérise souvent par une forte indépendance et une puissante maîtrise de ses pouvoirs magiques. Cependant, l'environnement carcéral, avec ses contraintes uniques, exerce une influence considérable sur la psychologie et les pouvoirs du sorcier. Le manque de liberté et l'isolement imposés par la vie en prison peuvent soit affaiblir ses capacités magiques, soit stimuler une adaptation créative à ces conditions rigoureuses.

Face à l'isolement et à la privation de liberté, le sorcier développe des stratégies d'adaptation variées. Certains trouvent dans la méditation et l'introspection des moyens de conserver et même d'approfondir leur maîtrise magique, transformant la prison en tremplin pour continuer leurs opérations mystiques au-delà de tout soupçon.

La prison, souvent perçue comme un lieu de punition et d'isolement, peut également être un catalyseur de transformation. Dans le cas d'un sorcier, dont les pouvoirs sont à la fois admirés et redoutés, l'expérience carcérale peut mener à des changements aussi surprenants que profonds. Proposons-nous d'explorer ici les métamorphoses du sorcier pendant sa détention, en mettant en lumière à la fois les aspects positifs et négatifs de cette expérience.

Le sorcier avant la prison

Dès les premières pages de notre ouvrage, le sorcier est présenté comme une figure charismatique dotée de pouvoirs extraordinaires. Qualifié d'agent du changement, il semble capable de façonner son environnement à sa guise. Pourtant, derrière cette aura admirée se cachent des dangers et des responsabilités quelquefois mal maîtrisés. Son pouvoir peut le conduire à la solitude, attiser l'envie des autres et nourrir une arrogance liée à sa puissance. Ses relations humaines sont fréquemment marquées par la méfiance et la jalousie, tandis que l'isolement inhérent à ses talents engendre chez lui un profond sentiment d'incompréhension et de rejet.

L'incarcération : le choc de la réalité

Entrer en prison représente un changement radical pour le sorcier. Ce lieu, strict et régi par des règles, oppose à sa liberté et à sa magie un cadre taxé de banalité et de rigidité. Au début, la réaction du sorcier peut être celle du déni et de la colère. Comment a-t-il pu se retrouver dans un tel endroit ? Son monde se réduit à des murs, sans étoiles ni magie, ce qui crée un puissant choc émotionnel.

Transformation personnelle : la découverte de soi

Peu à peu, le sorcier commence à réaliser que cette incapacité à exercer ses pouvoirs pourrait offrir une occasion unique de se reconnecter avec lui-même. Privé de sa capacité à influencer son environnement, il est obligé de faire face à ses propres démons. Il commence alors à réfléchir à la manière dont ses actions ont touché les autres.

Cette introspection peut engendrer des changements positifs : le sorcier commence à comprendre les limites de son pouvoir, la nécessité de la responsabilité et l'importance de l'empathie.

À l'intérieur de la prison, il découvre que d'autres détenus possèdent également des récits de souffrance et de lutte. Ces interactions humaines, bien loin des entités sources de jalousies et des relations superficielles, lui ouvrent les yeux sur les réalités de ses semblables.

Les défis : le risque de déshumanisation

La prison n'est pas uniquement un lieu de contemplation et de croissance. Elle peut aussi, malheureusement, engendrer des effets négatifs. Le quotidien carcéral, perçu comme un environnement brut et souvent violent, peut pousser le sorcier à s'enfermer davantage, à perdre espoir et à sombrer dans le ressentiment. L'isolement, la violence et la routine démoralisante peuvent lui faire perdre le sens de qui il est. Cela pourrait également exacerber son arrogance, le rendant encore plus déconnecté des autres.

La magie babylonienne : renaissance ou illusion ?

À un moment critique de son incarcération, un événement marquant survient. Le sorcier rencontre un ancien mentor, un autre sorcier ayant connu les rigueurs de la vie en prison. Cet échange devient un tournant décisif. Il lui explique comment la prison a agi comme un incubateur d'idées et de renouveau. Élément clé de cette transformation, cette conversation permet au sorcier de percevoir l'ensemble de son expérience différemment.

Il commence à comprendre que chaque difficulté peut également être perçue comme une force de renouveau. Les prisonniers, que ce soit par la créativité, la connaissance ou les relations, lui enseignent à puiser dans ses forces intérieures, même sans magie.

Conclusion : une magie différente

En fin de compte, l'expérience carcérale transforme le sorcier, le conduisant à une prise de conscience qui lui échappera peut-être dans le monde extérieur. Sa sortie de prison ne marque pas seulement la fin d'un chapitre, mais un commencement. Il émerge avec une vision nouvelle, armé d'un savoir qu'aucun livre de magie ne saurait fournir : la capacité de comprendre la souffrance des autres.

Le sorcier devenu prisonnier nous rappelle que même dans les obscurités les plus profondes, il y a de la lumière à trouver. Cette transformation n'est pas exempte de défis, mais elle est indéniablement riche en potentialités. Parfois, il faut perdre sa liberté pour véritablement trouver sa voix et redécouvrir l'essence même de sa magie.

• Récit d'un sorcier en prison

Rapporté par le régisseur

Dans un petit village en bordure d'une forêt dense, un événement extraordinaire se préparait. Des murmures circulaient parmi les habitants concernant un sorcier qui avait été capturé et emprisonné. Cette histoire fascinante m'a été rapportée par un régisseur issu du village, qui avait été chargé de garder une cellule bien particulière : celle où se trouvait le sorcier en question.

Le régisseur, un homme d'une quarantaine d'années nommé Pierre, était un personnage jovial à la stature imposante, mais humble dans ses manières. Il m'a expliqué que le sorcier, connu sous le nom de Malakar, était réputé pour ses pouvoirs extraordinaires et ses capacités à manipuler les éléments et à invoquer des esprits, et que finalement, il avait été pris, victime lui aussi de cette même magie qui avait autrefois suscité autour de sa personne autant d'admiration que de peur.

Pierre a commencé son récit en évoquant le jour de l'arrestation de Malakar. « C'était un après-midi ensoleillé », me disait-il, les yeux pétillants de souvenirs. « Les villageois s'étaient regroupés pour discuter de la dernière malédiction qui avait frappé les récoltes. Puis, soudain, un cri a résonné dans la foule. Des soldats sont arrivés, escortant Malakar, le visage calme, mais avec une lueur de défi dans ses yeux. » ; c'était cette force tranquille qui rendait Malakar si fascinant.

La prison où il fut enfermé était spéciale. Construite en pierre avec des murs épais, elle reliait deux mondes : celui de la magie et celui des hommes ordinaires. À l'intérieur, l'atmosphère était sombre, mais le récit de Pierre donnait vie à cet endroit lugubre. « Malakar ne pleurait pas », disait-il, « au contraire, il riait. Il savait qu'il pourrait un jour être libre. ». Cette assurance ne faisait qu'accroître l'inquiétude des gardiens.

Le régisseur a continué à me raconter les journées passées à surveiller le sorcier. Il ne manquait jamais une occasion de discuter avec lui, partageant des histoires de leurs vies respectives. Au fil des jours, Pierre a réalisé que Malakar n'était pas le monstre que tout le monde croyait. Au contraire, il avait un cœur d'or et utilisait sa magie pour aider les plus faibles. Les villageois avaient simplement mal interprété ses intentions.

Un jour, alors qu'il s'éloignait pour apporter de la nourriture au sorcier, une tempête soudaine éclata. Des éclairs déchiraient le ciel, et le régisseur, témoin de ce phénomène étrange, en déduisit que Malakar avait sans doute une influence sur le temps. En l'entendant fredonner une douce mélodie, il comprit que le sorcier essayait de canaliser la tempête. C'était un instinct, un pouvoir ancré en lui sans le vouloir. Ce fut cette découverte qui changea la vision de Pierre envers Malakar.

« J'ai réalisé », déclarait Pierre, « que nous avions tous nos propres peurs et préjugés. Mais que se méfier de l'inconnu ne fait que renforcer notre ignorance. ». C'est alors qu'il prit la décision de parler au conseil du village, plaidant en faveur d'une remise en liberté du sorcier. Le dialogue s'annonçait difficile. Les villageois étaient réticents à faire confiance à un sorcier, même s'il avait montré son humanité.

Après plusieurs jours de confidences et de difficultés, Pierre parvint enfin à faire entendre sa voix au conseil. Une réunion fut convoquée, et le régisseur s'efforça de faire comprendre aux villageois que Malakar ne devait pas être perçu comme un ennemi. Il leur parla de ses visions, de sa sagesse, et de l'importance de coexister avec ceux qui possèdent des talents différents. Malgré le scepticisme, certains villageois commencèrent à envisager cette perspective.

Finalement, le conseil décida de libérer Malakar sous certaines conditions. Pierre était ravi, mais il savait que ce n'était que le début d'une nouvelle ère. Lorsque Malakar sortit de la prison, il apporta avec lui non seulement ses talents, mais aussi une leçon précieuse sur l'acceptation et la compréhension. Son premier acte fut de conjurer la tempête qui avait grondé le jour de son arrestation, rétablissant ainsi la paix et l'harmonie dans le village.

La relation entre le sorcier et les villageois ne fut pas instantanément rose, mais elle évolua lentement. Alors que Malakar devenait un conseiller respecté, il enseignait aux gens comment vivre en harmonie avec la magie de la nature. Grâce au courage du régisseur Pierre, une amitié improbable naquit, prouvant que même dans les situations les plus sombres, il est toujours possible de trouver la lumière.

En conclusion, l'histoire de Malakar et de sa captivité nous rappelle qu'il est crucial de dépasser nos peurs et préjugés. Les histoires que nous racontons et la façon dont nous choisissons de percevoir les autres peuvent transformer des vies. Parfois, un peu de compréhension et d'ouverture d'esprit peut faire des merveilles. La magie est peut-être présente non seulement dans les sorts et les incantations, mais aussi dans nos cœurs et nos esprits ouverts.

Rapporté et commenté par un enquêteur

L'arrivée en prison a marqué un tournant brutal dans mon existence de sorcier. L'adaptation initiale à cet environnement carcéral austère fut une épreuve en soi, contraint de dissimuler ma véritable identité, mes pouvoirs se retrouvant étouffés par les murs épais et l'absence de nature. Les premiers jours furent un combat intérieur entre la préservation de mon essence magique et la survie dans ce nouveau monde régi par des règles strictes et des dynamiques de pouvoir inconnues.

Les interactions avec les autres détenus et le personnel de la prison prirent une tournure inattendue. La magie, normalement courant sous-jacent de mon existence, devint un sujet de fascination, de méfiance ou même de moquerie.

Alternatives proposées

La détention physique est couplée à des procédures spécifiques dans les camps de prières et de délivrance, où des techniques d'interrogation spécialisées visent à comprendre et à contenir la menace que représente cette personne.

Dans ces camps, les sorciers peuvent faire face à des conditions de confinement intensif, où la déconstruction méthodique de leur savoir se mêle à une rééducation forcée. L'objectif est de neutraliser leur capacité à nuire tout en tentant de réintégrer ces individus dans un cadre plus acceptable pour la société. Cette dualité entre punition et réhabilitation soulève des questionnements sur la nature de la justice et l'efficacité des méthodes répressives face à des pratiques aussi insaisissables que celles de la sorcellerie.

• Sorciers prédateurs et centres spécialisés : propositions pour leur traitement et leur réinsertion sociale

Les sorciers prédateurs posent un défi sociétal majeur par leur capacité à manipuler et exploiter les vulnérabilités psychologiques et émotionnelles des individus. Ce phénomène, bien que relégué à des croyances traditionnelles, nécessite une analyse approfondie et l'implantation de solutions adaptées pour un traitement efficace et une réinsertion sociale réussie. L'objectif, ici, est de proposer des types de centres spécialisés dédiés à la prise en charge des sorciers prédateurs, en détaillant leur description, organisation, fonctionnement, actions à mener et les résultats attendus.

Description des centres spécialisés pour sorciers prédateurs

Les centres spécialisés proposés doivent être des institutions multidisciplinaires, équipées pour répondre aux besoins complexes des sorciers prédateurs. Ces centres doivent intégrer des services psychiatriques, psychologiques, sociaux et juridiques pour une approche holistique de la réhabilitation.

Infrastructure et localisation

- Construites dans des zones semi-urbaines afin de faciliter l'accès, ces installations intègrent néanmoins des barrières destinées à limiter les évasions.

- Elles comprennent des unités psychiatriques fermées, des salles de thérapie, des espaces de formation professionnelle ainsi que des unités de détention surveillée

Organisation et fonctionnement

L'organisation des centres doit être structurée pour garantir un traitement rigoureux et sécurisé des sorciers prédateurs, tout en favorisant une réinsertion progressive et surveillée.

Équipe pluridisciplinaire

- Elle est composée de psychologues, psychiatres, travailleurs sociaux, formateurs professionnels, agents de sécurité.
- La coordination se fait avec les autorités judiciaires et locales pour la gestion des entrées et des sorties.

Programme de traitement

- L'évaluation initiale consiste en un diagnostic complet fait par une équipe pluridisciplinaire pour déterminer les besoins spécifiques du patient.
- Le traitement consiste en une thérapie cognitivo-comportementale (TCC) par des sessions individuelles et de groupe pour traiter les distorsions cognitives et comportements déviants.
- Il inclut des thérapies complémentaires : art-thérapie, musicothérapie, et thérapie occupationnelle.
- Et s'y adjoint de l'éducation et de la formation professionnelle au moyen de cours et d'ateliers pour préparer les résidents à leur réintégration.

Surveillance et sécurité

- Un système de sécurité renforcée sera installé, incluant vidéosurveillance, personnel de sécurité formé, et mesures contre les évasions et récidives.

Actions à mener

Pour atteindre les objectifs de traitement et de réinsertion, les centres doivent réaliser une série d'actions coordonnées :

Diagnostic et plan de traitement personnalisé

- Évaluation médicale et psychologique initiale pour chaque individu.
- Développement d'un plan de traitement personnalisé avec objectifs clairs et mesurables.

Intervention et thérapie

- Thérapies intensives initiales centrées sur la réduction des comportements prédateurs.
- Séances de thérapies de groupe pour faciliter la reconnaissance du problème et l'empathie envers les victimes.

Réhabilitation et réinsertion

- Programmes de formation en compétences de vie et professionnelles.
- Stages supervisés dans la communauté, permettant une réintégration graduelle et surveillée.

Résultats attendus

Les résultats attendus de ces centres spécialisés sont multiples, et touchent aussi bien les individus traités que la société dans son ensemble.

Réduction des comportements déviants

- Diminution des cas de récidive grâce à une meilleure gestion des comportements déviants.
- Régression des symptômes psychopathologiques chez les patients.

Réinsertion sociale

- Réadaptation des individus au sein de la société avec des compétences professionnelles et sociales renforcées.
- Meilleure acceptation des anciens sorciers prédateurs par la communauté, grâce à des campagnes de sensibilisation.

Sécurité et prévention

- Renforcement des mesures de sécurité pour protéger la communauté de nouveaux délits.
- Création d'un environnement de soutien pour prévenir les rechutes, incluant le suivi post-traitement.

En somme, les centres spécialisés pour le traitement et la réhabilitation des sorciers prédateurs représentent une réponse indispensable aux défis posés par ces individus. En intégrant une approche holistique et structurée, ces institutions peuvent non seulement réduire les comportements déviants, mais aussi faciliter une réinsertion sociale réussie et durable. Ce projet nécessite une coordination étroite entre les professionnels de la santé, les autorités judiciaires et locales, ainsi que la communauté pour être pleinement efficace. Les bénéfices attendus sont significatifs, tant pour les individus concernés que pour la société dans son ensemble.

Cette analyse propose ainsi une solution pragmatique et structurée, basée sur une approche pluridisciplinaire et humaniste, pour faire face à la problématique des sorciers prédateurs, assurant à la fois leur traitement adéquat et une réinsertion sociale réussie.

• Service d'audition pour le traitement et la réhabilitation des sorciers prédateurs : propositions concrètes

Pour répondre à des défis sociaux complexes tels que la pratique de la sorcellerie prédatrice, il est crucial d'adopter des approches innovantes et constructives. Ainsi, voudrions-nous proposer ici la création d'un service d'audition qui vise à aider ces individus dans leur réhabilitation par des initiatives citoyennes. Le but est de transformer les pratiques nuisibles en actions positives et bénéfiques pour la société.

Description du service d'audition

Le service d'audition serait structuré comme une institution publique, indépendante et spécialisée, composée de psychologues, travailleurs sociaux, experts en réhabilitation et représentants de la communauté. Il serait financé par l'État, avec des partenariats potentiels noués avec des ONG concernées par les problématiques de sorcellerie et de réintégration sociale.

Type d'audition et mécanismes de fonctionnement

Sélection et Convocation : Les praticiens de la sorcellerie prédatrice seraient identifiés par les autorités locales, les chefs de communauté et services sociaux. Une fois identifiés, ils recevraient une convocation officielle pour une première séance d'audition.

Processus d'audition

Les auditions se dérouleraient en plusieurs étapes clés :

- **Évaluation initiale** : entretiens individuels pour comprendre les motivations et les circonstances ayant conduit à ces pratiques de sorcellerie.
- **Sessions de discussion en groupe** : ateliers collectifs favorisant l'écoute, le dialogue et le partage d'expériences entre les participants.
- **Conseil de réhabilitation** : une équipe d'experts évalue les progrès individuels et propose des parcours personnalisés vers la réhabilitation.

Objectifs des auditions

- **Compréhension** : faciliter une meilleure compréhension des dommages causés par la sorcellerie prédatrice tant pour les pratiquants que pour la société.
- **Responsabilisation** : encourager les sorciers prédateurs à reconnaître leurs actes et à prendre la responsabilité de leurs actions.
- **Changement de comportement** : fournir des outils psychologiques et sociaux pour encourager des comportements positifs et constructifs.
- **Intégration sociale** : promouvoir la réinsertion des anciens pratiquants de la sorcellerie dans la communauté à travers des activités citoyennes et des initiatives locales.

Résultats attendus

Les résultats escomptés peuvent être classés en trois catégories principales :

- **Réduction des pratiques nocives** : une diminution observable de la sorcellerie prédatrice grâce à la conscientisation et à la rééducation.
- **Amélioration du tissu social** : une cohésivité sociale renforcée par le retour des anciens sorciers prédateurs dans la communauté en tant qu'acteurs positifs.
- **Évaluation continue** : un suivi régulier des bénéficiaires pour assurer un changement durable et documenter les réussites en vue d'ajuster les méthodes d'audition et de réhabilitation.

En somme, la mise en place d'un service d'audition pour le traitement et la réhabilitation des sorciers prédateurs représente une innovation majeure dans les stratégies d'inclusion sociale. En convertissant des comportements destructeurs en contributions positives à la communauté, ce service peut jouer un rôle crucial dans la construction d'une société plus harmonieuse et solidaire. Les auditions ne sont pas seulement un moyen de réhabiliter les individus, mais aussi de restaurer le lien social et la confiance communautaire.

Le traitement des distorsions cognitives et comportements déviants

Les personnes qui se considèrent comme des sorciers peuvent être perçues comme des figures respectées ou craintes. Mais, une conviction extrême d'avoir des pouvoirs surnaturels peut aussi être interprétée comme un symptôme de troubles psychiatriques, tels que des délires ou des hallucinations, notamment dans le cadre de certaines pathologies comme la schizophrénie ou les troubles psychotiques. Il s'en suit des distorsions cognitives, suivis parfois de comportements déviants. Cela peut être abordé en psychiatrie par des méthodes spécifiques, tout en prenant en compte les nuances culturelles du patient.

Qu'est-ce qu'une distorsion cognitive ?

Les distorsions cognitives désignent les erreurs systématiques dans le traitement de l'information par l'esprit humain. Elles se manifestent par des pensées irrationnelles et biaisées qui altèrent la perception de la réalité. Parmi les distorsions cognitives courantes, on trouve :

- **La personnalisation** : le fait de se sentir responsable de tous les événements négatifs extérieurs.
- **La généralisation excessive** : tirer des conclusions généralisées à partir d'un seul incident.
- **La pensée dichotomique** : percevoir les situations de manière binaire, soit tout noir soit tout blanc.
- **Le filtre mental** : ne prendre en compte que les aspects négatifs d'une situation en ignorant les positifs.

Ces distorsions peuvent conduire à des états émotionnels négatifs tels que l'anxiété, la dépression et la colère.

Quels sont les comportements déviants ?

Les comportements déviants font référence à des actions ou des modes de conduite qui s'écartent des normes sociales, culturelles ou légales établies. Ces comportements peuvent être de nature variée, allant de légères infractions aux lois et aux normes sociales à des actes criminels graves.

Quelques exemples notables de comportements déviants incluent :

- **Le vol** : appropriation illégale des biens d'autrui.
- **La violence** : infliger des blessures physiques ou psychologiques à d'autres personnes.
- **L'usage abusif de substances** : consommation excessive et nocive de drogues ou d'alcool.

Les comportements déviants peuvent découler de divers facteurs, y compris des influences environnementales, des traits de personnalité, des distorsions cognitives et des troubles mentaux sous-jacents.

Procédés de traitement des distorsions cognitives et comportements déviants

Thérapie cognitivo-comportementale (TCC)

La Thérapie cognitivo-comportementale est une approche bien établie pour traiter les distorsions cognitives et les comportements déviants. Voici comment la TCC fonctionne :

- **Identification des pensées dysfonctionnelles** : le thérapeute aide le patient à identifier les pensées irrationnelles et biaisées.
- **Restructuration cognitive** : le patient est guidé pour remplacer ces pensées négatives par des interprétations plus réalistes et positives.
- **Modification comportementale** : en plus des pensées, la thérapie vise également à modifier les comportements problématiques en introduisant des actions positives.

Thérapie de groupe et programmes de soutien

Les thérapies de groupe et les programmes de soutien sont également efficaces, particulièrement pour les comportements déviants. Ces programmes offrent un espace sûr pour les individus afin de partager leurs expériences et de recevoir des retours constructifs. Ils incluent :

- **Sessions de soutien mutuel** : les membres partagent leurs stratégies de gestion et s'encouragent mutuellement.
- **Interventions psychoéducatives** : apprentissage sur les conséquences des comportements déviants et formation aux compétences sociales.

Interventions pharmacologiques

Dans les cas où les distorsions cognitives et les comportements déviants ont une base neurobiologique, des interventions pharmacologiques peuvent être nécessaires. Les médicaments couramment utilisés incluent :

- **Antidépresseurs** : pour traiter la dépression et l'anxiété.
- **Stabilisateurs de l'humeur** : indiqués pour les troubles bipolaires.
- **Anxiolytiques** : pour réduire l'anxiété aiguë.

Ces traitements pharmacologiques sont généralement prescrits en complément à des thérapies psychologiques.

Thérapies comportementales spécifiques

Certaines thérapies comportementales spécifiques, comme la Thérapie Dialectique Comportementale (TDC), sont particulièrement efficaces pour traiter des comportements déviants graves tels que l'automutilation et le trouble de la personnalité limite. La TDC combine des techniques de TCC avec des stratégies de tolérance à la détresse, de régulation émotionnelle et de pleine conscience.

Bref, les distorsions cognitives et les comportements déviants, bien que représentant des défis complexes, peuvent être efficacement traités grâce à une combinaison de thérapies comportementales, de soutien social et, si nécessaire, d'interventions pharmacologiques. La compréhension précise de ces phénomènes et l'application de traitements appropriés permettent non seulement de réduire les symptômes, mais aussi de promouvoir un mieux-être psychologique durable. Par une approche intégrative et individualisée, il est possible de guider les individus vers une vie plus équilibrée et harmonieuse.

• Art-thérapie, musicothérapie et thérapie occupationnelle : un voyage vers la guérison

Dans la quête incessante du bien-être et de la guérison, les méthodes thérapeutiques comme l'art-thérapie, la musicothérapie et la thérapie occupationnelle occupent une place de choix. Cet essai vise à définir ces concepts, à expliciter leur importance et à détailler leurs méthodes, en montrant comment elles contribuent de manière significative à l'amélioration de la santé mentale et physique.

Définition et explication des notions clés

Art-thérapie : l'art-thérapie est une forme de psychothérapie qui utilise l'art comme moyen d'expression et de communication. Ce n'est pas seulement la compétence artistique qui est valorisée, mais le processus de création en lui-même. Les individus, sous la supervision d'un art-thérapeute qualifié, utilisent des matériaux divers comme la peinture, le dessin, la sculpture pour explorer leurs sentiments, développer la réflexion et améliorer leur conscience de soi. Elle est couramment utilisée pour traiter divers troubles psychologiques, allant du stress à la dépression et à l'anxiété.

Musicothérapie : de la même manière, la musicothérapie utilise la musique comme outil thérapeutique. En créant, écoutant ou analysant la musique, les patients peuvent améliorer leur bien-être émotionnel et mental. Les séances peuvent inclure le chant, le jeu d'instruments ou des exercices de mouvement en rythme avec la musique. Les musicothérapeutes veillent à adapter chaque session selon les besoins spécifiques des patients. Cette forme de thérapie est particulièrement efficace dans le traitement des troubles psychiatriques, des retards de développement et même des maladies neurodégénératives comme la démence.

Thérapie occupationnelle : la thérapie occupationnelle, quant à elle, vise à aider les personnes à mener à bien les activités de leur vie quotidienne malgré les limitations physiques, mentales ou cognitives. Les ergothérapeutes travaillent avec les patients pour développer, récupérer ou maintenir les compétences nécessaires à l'indépendance et à la qualité de vie. Ils utilisent des activités thérapeutiques adaptées, des exercices spécifiques et des ajustements environnementaux pour encourager la participation active et améliorer la fonctionnalité.

Importance de ces méthodes thérapeutiques

Chacune de ces méthodes thérapeutiques offre des solutions uniques pour différents types de problèmes de santé mentale et physique. Elles partagent un objectif commun : faciliter l'expression personnelle et promouvoir le bien-être général.

L'art-thérapie, par exemple, permet aux patients d'explorer leur subconscient et de traiter des émotions difficiles sans utiliser des mots, ce qui est particulièrement utile pour ceux qui éprouvent des difficultés à verbaliser leurs sentiments.

La musicothérapie, avec ses éléments rythmiques et mélodiques, peut être une source de réconfort et de motivation, en plus de ses effets documentés sur la réduction du stress, l'amélioration de l'humeur et la gestion de la douleur. Elle peut également renforcer la motricité fine et grossière, ce qui est bénéfique pour les patients souffrant de troubles moteurs.

La thérapie occupationnelle se distingue par son approche pratique et personnalisée. Elle ne se contente pas de traiter les symptômes, mais cherche à améliorer la vie quotidienne en élaborant des stratégies pour surmonter les obstacles spécifiques aux activités courantes. Elle est cruciale pour les personnes ayant subi un accident, un traumatisme ou une maladie chronique, facilitant leur réintégration dans la société de manière productive et satisfaisante.

Méthodes et pratiques thérapeutiques

En **art-thérapie**, les méthodes incluent l'utilisation de matériaux artistiques pour la création libre ainsi que des techniques dirigées par le thérapeute. Les séances sont structurées de manière à encourager l'exploration des expériences personnelles et l'expression des émotions refoulées. Les effets bénéfiques sont évalués en fonction des changements observés dans l'état émotionnel et comportemental du patient au fil du temps.

La musicothérapie utilise diverses techniques, y compris l'improvisation, la composition de chansons, le mouvement avec musique, et des discussions analytiques. Le choix des méthodes dépend des besoins et objectifs individuels du patient. L'accent est mis sur l'écoute active et la participation musicale, car cela peut influencer positivement les émotions et les processus cognitifs du patient.

En **thérapie occupationnelle**, les ergothérapeutes évaluent les capacités et les besoins du patient pour développer des plans de traitement personnalisés. Ils peuvent utiliser des aides techniques, réorganiser l'environnement domestique ou professionnel, et faciliter l'apprentissage de nouvelles compétences. L'objectif principal est toujours l'autonomie et la satisfaction dans la vie quotidienne.

En résumé, l'art-thérapie, la musicothérapie et la thérapie occupationnelle offrent des approches complémentaires et novatrices pour le traitement et le soutien des individus confrontés à divers défis de la vie. Ces méthodes permettent non seulement une amélioration de la santé mentale et physique, mais elles favorisent également une meilleure qualité de vie. Leur importance ne peut être sous-estimée, car elles fournissent des outils puissants pour atteindre un bien-être holistique. En comprenant et en intégrant ces thérapeutiques dans les soins de santé, nous pouvons répondre de manière plus complète et humaine aux besoins des patients.

• Thérapies intensives initiales centrées sur la réduction des comportements prédateurs

Les comportements prédateurs, souvent associés à des traits antisociaux, agressifs ou manipulateurs, représentent un défi notable pour les professionnels de la santé mentale. Afin de mieux comprendre comment ces comportements peuvent être atténués, il est utile de se concentrer sur les thérapies intensives initiales qui visent spécifiquement à réduire ces comportements nuisibles.

Cette analyse a pour objectif d'expliquer en quoi consistent ces thérapies et comment elles sont mises en œuvre concrètement.

Qu'est-ce à dire ?

La notion de thérapies intensives initiales signifie essentiellement que les interventions sont promptes, structurées et fréquemment administrées dès le premier contact avec les individus présentant des comportements prédateurs. Le mot « intensif » indique à la fois la fréquence accrue des sessions thérapeutiques et une concentration sur des techniques éprouvées et des approches pluridisciplinaires. Ces thérapies ne sont pas de simples consultations, mais des programmations systématiques visant à obtenir des résultats tangibles dans un laps de temps relativement court.

Comment se fait-elle concrètement ?

Pour saisir la portée des thérapies intensives initiales centrées sur la réduction des comportements prédateurs, il est pertinent d'en examiner les différentes composantes et modalités d'application.

Évaluation initiale et diagnostic précis

Les professionnels débutent par une évaluation minutieuse comprenant des diagnostics psychologiques complets. Cette phase inclut des entrevues cliniques détaillées, des questionnaires standardisés, et parfois des évaluations neuropsychologiques. L'objectif est de cerner avec précision les comportements prédateurs spécifiques ainsi que les facteurs sous-jacents (traumatismes passés, troubles de la personnalité, etc.).

Interventions cognitivo-comportementales (TCC)

La thérapie cognitivo-comportementale reste au cœur des traitements intensifs. Ce type de thérapie cherche à modifier les schémas de pensée et les comportements destructeurs à travers des techniques comme la restructuration cognitive, l'exposition, et les exercices de développement des compétences sociales. Les sessions sont fréquentes et intensives, plusieurs fois par semaine.

Thérapies médicamenteuses

Dans certains cas, les traitements pharmacologiques accompagnent les interventions psychologiques. Les médicaments peuvent inclure des antipsychotiques, des stabilisateurs de l'humeur ou des inhibiteurs sélectifs de la recapture de la sérotonine (ISRS), ciblant les symptômes de l'agressivité ou de l'impulsivité qui accompagnent bien souvent les comportements prédateurs.

Groupes de soutien et thérapies de groupe

La participation à des groupes de soutien permet aux individus de se connecter avec d'autres personnes aux prises avec des défis similaires. Les thérapies de groupe encouragent la responsabilisation individuelle et offrent un cadre sécuritaire pour discuter des stratégies pour vaincre les comportements néfastes.

Formation et support aux familles

Les familles des individus aux comportements prédateurs reçoivent également un soutien dans le cadre des thérapies intensives. Elles suivent des formations pour apprendre à mieux comprendre et à gérer les comportements problématiques de leurs proches, diminuant ainsi le stress familial et favorisant un environnement plus supportif pour la réhabilitation.

Détails cruciaux pour une compréhension approfondie

Quelques aspects spécifiques méritent une attention particulière pour bien comprendre les thérapies intensives initiales :

- **Protocole individualisé** : chaque thérapie est adaptée en fonction des besoins individuels du patient. Un plan de traitement sur mesure est élaboré, ce qui augmente les chances de succès.
- **Suivi et évaluation continue :** la progression du patient est régulièrement évaluée. Les thérapeutes ajustent les interventions en fonction des améliorations ou des résistances observées.
- **Interopérabilité des professions de santé** : les interventions impliquent souvent une collaboration entre différents professionnels de santé, y compris des psychologues, psychiatres, travailleurs sociaux et parfois même des spécialistes de la réinsertion sociale.

En conclusion, les thérapies intensives initiales centrées sur la réduction des comportements prédateurs sont une approche multifacette et rigoureuse visant à restaurer la santé mentale et sociale des individus affectés. Par des interventions rapides et systématiques, ces thérapies cherchent non seulement à corriger les comportements nuisibles, mais également à instiller des modes de pensée et des comportements plus constructifs et sociaux.

• Séances de thérapies de groupe pour faciliter la reconnaissance du problème et l'empathie avec les victimes

Les séances de thérapie de groupe se révèlent être un outil précieux pour faciliter la reconnaissance des problèmes et développer l'empathie envers les victimes. Ces séances permettent de créer un espace de dialogue et d'expression et de responsabiliser les participants face aux défis qu'ils rencontrent. Cette analyse explore le rôle de ces thérapies dans la prise de conscience des problèmes et la compréhension empathique des expériences des victimes.

La thérapie de groupe : définition et objectifs

Les thérapies de groupe sont des sessions organisées où plusieurs individus se réunissent sous la supervision d'un thérapeute qualifié. L'objectif principal est de favoriser l'échange et l'écoute, tout en abordant des problématiques communes. Les participants peuvent partager leurs expériences personnelles, ce qui aide à briser le sentiment d'isolement ressenti. Grâce à ces échanges, ils apprennent à reconnaître qu'ils ne sont pas seuls à affronter leurs problèmes et peuvent ainsi construire des liens de solidarité.

La reconnaissance du problème par le biais des interactions

Les séances de thérapie de groupe jouent un rôle crucial dans la reconnaissance des problèmes individuels et collectifs. Lorsqu'un individu partage son expérience, cela amène d'autres participants à réfléchir sur leurs propres situations. La confrontation des vécus contribue à mettre en lumière des problématiques sous-jacentes, quelquefois occultées par le quotidien ou par des mécanismes de défense personnels. En écoutant les récits des autres membres du groupe, chacun peut identifier des éléments similaires dans sa propre vie, contribuant de la sorte à une prise de conscience collective.

L'empathie envers les victimes : un processus de compréhension mutuelle

L'une des forces des thérapies de groupe est leur capacité à développer l'empathie entre les participants. L'empathie se définit comme la capacité de comprendre et de partager les sentiments des autres. En écoutant les expériences de souffrance et de résilience des autres membres du groupe, les participants apprennent à développer une sensibilité accrue face aux problèmes des autres. Concrètement, cela se traduit par une écoute active, des échanges bienveillants et un soutien mutuel.

Les mécanismes de soutien et de responsabilisation

Les séances de thérapie de groupe induisent des mécanismes de soutien et de responsabilisation essentiels. D'une part, le groupe devient un support moral pour chacun de ses membres. D'autre part, les participants sont encouragés à prendre leurs responsabilités individuelles face à leurs problèmes. Cela peut inclure des prises de décisions concernant leur parcours thérapeutique ou des actions concrètes à mener pour améliorer leur situation personnelle. Cet engagement individuel et collectif renforce le sentiment de contrôle et de pouvoir sur sa propre vie.

Les bénéfices psychologiques et sociaux

Les bénéfices des séances de thérapie de groupe vont au-delà de la simple reconnaissance des problèmes et de l'empathie. Ils incluent une amélioration de la communication interpersonnelle, une réduction de l'anxiété et de la dépression, ainsi qu'une augmentation de l'estime de soi. Socialement, les participants peuvent construire des réseaux de soutien, acquérir des compétences relationnelles et développer un sentiment d'appartenance. Ces aspects contribuent à un mieux-être général et à une meilleure intégration sociale.

La mise en place concrète des séances de thérapie de groupe

Pour assurer le succès des séances de thérapie de groupe, plusieurs éléments doivent être pris en compte. Tout d'abord, il est essentiel de sélectionner un thérapeute qualifié et expérimenté. Ensuite, la composition du groupe doit être réfléchie afin de garantir une dynamique de groupe positive et constructive. Les séances doivent être organisées de manière régulière et dans un environnement sécurisant. De plus, il est important de fixer des règles de conduite claires pour respecter la confidentialité et le respect mutuel.

De ce qui précède, les séances de thérapie de groupe sont un moyen efficace pour favoriser la reconnaissance des problèmes et développer l'empathie envers les victimes. En créant un espace d'expression et de partage, elles permettent aux participants de se soutenir mutuellement et de prendre conscience des défis communs. Ces séances sont bénéfiques tant sur le plan psychologique que social, contribuant à l'amélioration de la qualité de vie des participants. Il est donc crucial de mettre en place des séances de thérapie de groupe bien structurées pour maximiser leurs bienfaits et promouvoir une meilleure compréhension mutuelle des expériences vécues.

• Programme de formation en compétences de vie et professionnelle

Dans un monde en constante évolution, où la compétitivité et l'innovation sont de rigueur, la formation en compétences de vie et professionnelle devient une nécessité impérieuse tant pour les individus que pour les organisations. Ce type de programme offre une palette de savoir-faire et de savoir-être, essentiels pour s'épanouir dans divers contextes socio-économiques. Qu'est-ce à dire ? Quels en sont les contenus et, surtout, quelle est l'importance d'un tel programme ?

Qu'est-ce à dire ?

Un programme de formation en compétences de vie et professionnelle est conçu pour développer à la fois des aptitudes techniques et humaines. Il englobe non seulement les compétences spécifiques nécessaires à l'exercice d'une profession, mais aussi celles qui permettent une meilleure gestion de la vie personnelle. Ces compétences incluent la gestion du temps, la résolution de problèmes, la communication efficace, le travail en équipe, ainsi que la gestion du stress et des émotions.

Contenu du programme

Pour comprendre l'ampleur et la diversité de ces formations, il est essentiel de décrypter leur contenu typique. Voici quelques éléments clés inclus dans ces programmes :

- **Communication interpersonnelle** : les participants apprennent à écouter activement, à donner et recevoir des feedbacks constructifs, et à s'exprimer de manière claire et concise, tant à l'oral qu'à l'écrit.
- **Résolution de problèmes et prise de décision** : ils développent des techniques pour analyser les situations, identifier des solutions possibles, évaluer leurs implications et faire des choix éclairés.
- **Gestion du temps et organisation** : la capacité à organiser son travail, à hiérarchiser les tâches, et à utiliser son temps efficacement est un autre axe essentiel de cette formation.

- **Compétences en leadership et collaboration** : les participants acquièrent des compétences en leadership, apprennent à motiver et à guider une équipe, et à travailler efficacement en groupe.
- **Équilibre entre vie personnelle et professionnelle** : des techniques de gestion du stress et des stratégies pour maintenir un bon équilibre entre les responsabilités personnelles et professionnelles sont également enseignées.
- **Connaissance technique et développement de carrière** : en fonction des besoins spécifiques, des modules techniques peuvent être inclus pour adapter les participants aux technologies émergentes et aux nouvelles méthodologies de travail.

Importance du programme

L'importance de la formation en compétences de vie et professionnelle ne peut être sous-estimée. En voici trois raisons principales :

- **Adaptabilité et employabilité** : dans un marché du travail en perpétuelle mutation, les individus doivent être flexibles et capables d'acquérir de nouvelles compétences rapidement. Un tel programme les rend plus attractifs pour les employeurs et améliore leur employabilité.
- **Efficacité et productivité** : en renforçant les compétences organisationnelles et interpersonnelles, la formation conduit à une meilleure gestion du temps et à une communication plus fluide, augmentant ainsi l'efficacité et la productivité.
- **Bien-être personnel et professionnel** : gérer le stress, résoudre les conflits et maintenir un équilibre entre vie personnelle et professionnelle contribue à un meilleur bien-être général, réduisant les risques de burnout et d'épuisement professionnel.

En définitive, le programme de formation en compétences de vie et professionnelle représente un outil vital pour quiconque désire non seulement réussir dans sa carrière, mais aussi maintenir un équilibre harmonieux dans sa vie personnelle. Il offre un éventail de compétences interconnectées qui favorisent tant la croissance individuelle que collective. L'intégration de ces formations dans les politiques éducatives et professionnelles devrait être une priorité pour préparer efficacement les générations futures aux défis du monde moderne.

En intégrant avec diligence ces compétences dans notre quotidien, nous ne faisons pas qu'améliorer notre propre qualité de vie, mais nous contribuons également à créer des environnements de travail plus harmonieux, productifs et adaptatifs. C'est une démarche qui, certes, requiert investissement et engagement, mais dont les bénéfices à long terme sont inestimables pour les individus, les organisations et la société tout entière.

• Stages supervisés dans la communauté permettant une réintégration graduelle et surveillée

La réintégration des individus dans la communauté après une période d'incarcération représente un défi crucial tant pour les intéressés que pour la société dans son ensemble. Dans ce contexte, les stages supervisés dans la communauté jouent un rôle fondamental en offrant une transition graduelle et surveillée. Qu'est-ce à dire concrètement et comment ces stages s'implémentent-ils ?

Qu'est-ce que les stages supervisés dans la communauté ?

Les stages supervisés dans la communauté sont des programmes structurés permettant aux anciens détenus de réintégrer progressivement la société. Ces programmes sont encadrés par des professionnels qualifiés, tels que des travailleurs sociaux, des conseillers en réhabilitation et des agents de probation. Leur objectif est de soutenir l'individu dans son processus de réadaptation en lui fournissant un environnement sécurisé et contrôlé où il peut acquérir les compétences nécessaires pour mener une vie indépendante et respectueuse des lois.

La mise en œuvre concrète des stages supervisés

Évaluation initiale

Tout stage supervisé commence par une évaluation complète de l'individu, prenant en compte ses besoins, ses compétences et ses défis personnels. Cette évaluation est réalisée par un professionnel de la réinsertion sociale qui élabore un plan personnalisé adapté à chaque participant.

Plan de réintégration personnalisé

Sur la base de cette évaluation, un plan de réintégration est établi. Ce document fixe des objectifs clairs et mesurables, par exemple décrocher un emploi, obtenir une qualification professionnelle ou suivre un traitement pour des dépendances. Le plan inclut des étapes précises et des échéances.

Activités supervisées

Les participants prennent part à diverses activités supervisées, comme :

- **Formation professionnelle** : ateliers visant à développer des compétences techniques et professionnelles.
- **Travail bénévole ou rémunéré** : engagement dans des emplois temporaires ou à long terme, soit au sein

de la communauté, soit en coopération avec des entreprises locales.

- **Programmes de thérapie et de conseil** : séances régulières avec des psychologues, conseillers en toxicomanie ou thérapeutes pour aborder les problèmes personnels.
- **Ateliers de développement personnel** : cours sur la gestion des finances, la communication, et d'autres compétences de vie essentielles.

Surveillance et soutien

Pendant toute la durée du stage, les participants sont surveillés et soutenus de manière constante. Des réunions régulières sont organisées avec les superviseurs pour évaluer la progression, ajuster le plan si nécessaire et fournir un soutien adapté aux situations individuelles.

Réinsertion sociale

L'un des objectifs finaux est d'aider l'individu à établir des liens sociaux positifs. Cela peut inclure la participation à des groupes de soutien, des clubs ou des activités communautaires qui favorisent une intégration dynamique et saine dans la société.

L'importance des stages supervisés dans la communauté

Ces stages jouent un rôle capital pour plusieurs raisons :

- **Réduction de la récidive** : en offrant un soutien continu et en engageant des activités constructives, les stages supervisés contribuent à réduire les taux de récidive.

- **Soutien individuel** : chaque participant bénéficie d'un accompagnement personnalisé permettant de traiter ses problèmes particuliers, ce qui augmente les chances de succès dans sa réintégration.
- **Impact positif sur la communauté** : une réintégration réussie équivaut à moins de criminalité et à une communauté plus sécurisée et stable.

En somme, les stages supervisés dans la communauté sont une réponse efficace aux défis de la réintégration post-incarcération. En mettant en œuvre une approche structurée et personnalisée, ces programmes permettent aux anciens détenus de reconstruire progressivement leur vie tout en restant sous la surveillance et le soutien de professionnels qualifiés. Ils favorisent un retour en société plus harmonieux, réduisent les risques de récidive et contribuent à la sécurité et au bien-être de l'ensemble de la communauté.

• Diminution des cas de récidive grâce à une meilleure gestion des comportements déviants

La récidive, phénomène complexe et récurrent dans le système judiciaire, pose un défi de taille aux autorités publiques et aux acteurs de la justice. En France, tout comme dans d'autres pays, la réinsertion des délinquants est un enjeu primordial pour garantir la sécurité publique et promouvoir une société plus juste et inclusive. Dans cet essai, nous abordons la question de la diminution des cas de récidive grâce à une meilleure gestion des comportements déviants en clarifiant le concept et en proposant des méthodes concrètes pour y parvenir.

Qu'est-ce à dire ?

La diminution des cas de récidive fait référence à la réduction du nombre de délinquants qui commettent à nouveau des infractions après avoir déjà été condamnés une première fois. Cette problématique est étroitement liée à la compréhension et à la gestion des comportements déviants, c'est-à-dire des comportements qui s'écartent des normes et des lois en vigueur dans une société. L'objectif est non seulement de punir les infractions, mais aussi de prévenir leur récurrence en intervenant de manière proactive et holistique.

Comment concrètement ?

Une évaluation et une intervention précoces

Pour diminuer les cas de récidive, il est crucial de détecter et d'intervenir sur les comportements déviants dès les premières manifestations. Cela passe par des évaluations approfondies effectuées par des professionnels compétents tels que des psychologues, criminologues et travailleurs sociaux. Ces évaluations permettent de déterminer les facteurs de risque individuels, sociaux et environnementaux qui contribuent aux comportements déviants. Par exemple, des antécédents de traumatismes, des troubles mentaux non diagnostiqués, ou un environnement familial dysfonctionnel sont des éléments clés à considérer.

Programmes de réhabilitation personnalisés

Sur la base des évaluations, des programmes de réhabilitation personnalisés doivent être mis en place. Ces programmes incluent souvent des thérapies cognitivo-comportementales, des sessions de thérapie de groupe, et des activités éducatives et professionnelles. L'objectif est de fournir aux délinquants les outils nécessaires pour gérer leurs émotions, résoudre les conflits sans recours à la violence, et acquérir des compétences qui leur permettront de se réinsérer plus efficacement dans la société.

Suivi et accompagnement post-carcéral

Le suivi et l'accompagnement après la libération sont cruciaux pour prévenir la récidive. Les anciens détenus doivent bénéficier d'un soutien continu sous forme de mentorat, de conseils psychologiques, et d'aide à la réinsertion professionnelle et sociale. Par exemple, des programmes tels que les « maisons de transition » offrent un environnement structuré et supervisé qui facilite le retour à une vie normale.

Implication de la communauté

La communauté joue également un rôle essentiel dans la réinsertion des anciens délinquants. Des initiatives locales telles que des groupes de soutien communautaires, des ateliers de formation, et des campagnes de sensibilisation contribuent à réduire la stigmatisation et à promouvoir une culture d'acceptation et d'intégration. En créant un réseau de soutien solide, les risques de récidive sont considérablement diminués.

Politiques et réformes judiciaires

Il est également impératif de mettre en place des réformes judiciaires qui favorisent l'utilisation de peines alternatives à l'incarcération, surtout pour les infractions mineures ou les délits commis pour la première fois. Les peines qui incluent des travaux d'intérêt général, des amendes ou des programmes de déjudiciarisation peuvent être des réponses plus appropriées et efficaces dans certains cas.

Détails importants

Il est important de noter que la mise en œuvre de ces stratégies nécessite une collaboration étroite entre différents acteurs, y compris les institutions judiciaires, les services sociaux, les autorités locales, et les communautés concernées. De plus, un financement adéquat et une formation continue des professionnels sont essentiels pour garantir l'efficacité des programmes de réhabilitation et de suivi.

Un autre aspect clé est la nécessité d'adapter les interventions aux besoins spécifiques des différentes catégories de délinquants, y compris les mineurs, les femmes, et les récidivistes chroniques. Les programmes doivent être flexibles et basés sur des données probantes pour s'assurer qu'ils répondent aux réalités concrètes et variées des personnes concernées.

Finalement, la diminution des cas de récidive à travers une meilleure gestion des comportements déviants est un objectif ambitieux, mais réalisable. En adoptant une approche multidisciplinaire et proactive qui combine évaluation précoce, programmes de réhabilitation personnalisés, et suivi post-libération, il est possible de réduire significativement les taux de récidive. L'implication de la communauté et les réformes judiciaires sont des éléments complémentaires qui renforcent l'efficacité de ces interventions. En fin de compte, c'est un investissement dans la sécurité publique et le bien-être social qui profitera à l'ensemble de la société.

• La régression des symptômes psychopathologiques chez les patients

La régression des symptômes psychopathologiques chez les patients est une notion fondamentale dans le domaine de la psychologie clinique et de la psychiatrie. Elle signifie concrètement une diminution ou une atténuation des manifestations cliniques des troubles psychiques. Mais comment peut-on réellement mesurer cette régression et par quels moyens peut-elle être obtenue ? Cet essai se propose de répondre à ces questions en s'appuyant sur les données scientifiques et cliniques les plus récentes.

I. Qu'est-ce que la régression des symptômes psychopathologiques ?

Pour bien comprendre ce que signifie la régression des symptômes psychopathologiques, il est essentiel de définir ce que sont ces symptômes. Les symptômes psychopathologiques sont les manifestations cliniques de troubles mentaux tels que l'anxiété, la dépression, la schizophrénie, le trouble obsessionnel-compulsif, entre autres. Ces manifestations peuvent inclure des changements émotionnels, comportementaux ou cognitifs qui perturbent le fonctionnement quotidien de l'individu.

La régression de ces symptômes peut se traduire par une diminution de leur intensité, une réduction de leur fréquence ou leur disparition complète. Elle peut être mesurée à l'aide d'outils d'évaluation standardisés comme les échelles de dépression de Beck, les échelles d'anxiété de Hamilton ou les inventaires de psychopathologie générale tels que le SCL-90-R.

II. Les méthodes pour obtenir une régression des symptômes

Afin de favoriser la régression des symptômes psychopathologiques, plusieurs approches thérapeutiques peuvent être envisagées.

Thérapies médicamenteuses

Les médicaments psychotropes jouent un rôle crucial dans le traitement des troubles mentaux. Les antidépresseurs, les anxiolytiques, les antipsychotiques et les stabilisateurs de l'humeur sont prescrits pour aider à réduire les symptômes. Ces traitements nécessitent généralement un suivi médical rigoureux pour ajuster les dosages et minimiser les effets secondaires.

Thérapies cognitives et comportementales (TCC)

Les TCC sont largement reconnues pour leur efficacité dans la réduction des symptômes psychopathologiques. Elles se concentrent sur l'identification et la modification des pensées et des comportements dysfonctionnels. Des études montrent une amélioration significative chez les patients qui suivent un programme de TCC, notamment dans les cas de dépression et de trouble anxieux.

Thérapies interpersonnelles (TIP)

Les TIP se concentrent sur les relations interpersonnelles actuelles de l'individu et comment ces relations influencent leurs troubles mentaux. En améliorant les compétences relationnelles et en résolvant les conflits interpersonnels, les TIP peuvent contribuer à la diminution des symptômes.

Thérapies de groupe et support social

Participer à des thérapies de groupe ou bénéficier de réseaux de soutien social peut également jouer un rôle vital dans la régression des symptômes. Les échanges avec des personnes partageant des expériences similaires offrent un soutien émotionnel et des stratégies d'adaptation, favorisant un environnement de guérison.

III. Données relatives à la régression des symptômes

Des études empiriques ont constamment montré que les approches thérapeutiques mentionnées ci-dessus peuvent conduire à une régression significative des symptômes psychopathologiques.

Études sur les médicaments psychotropes

Par exemple, une étude publiée dans le Journal of Clinical Psychopharmacology a démontré que 70% des patients prenant des antidépresseurs ISRS (Inhibiteurs Sélectifs de la Recapture de la Sérotonine) ont montré une réduction notable des symptômes de dépression après 12 semaines de traitement.

Efficacité des TCC

Selon une méta-analyse parue dans la revue Cognitive Therapy and Research, les TCC ont un taux d'efficacité de 60% à 80% pour les troubles anxieux et dépressifs, marquant une régression significative des symptômes chez les patients concernés.

Impact des TIP et thérapies de groupe

Une enquête sur la thérapie interpersonnelle a révélé que 55% des patients souffrant de dépression majeure ont montré une rémission partielle ou complète après 16 semaines de traitement. De même, les thérapies de groupe pour les troubles de l'humeur ont vu une amélioration symptomatique chez environ 60% des participants, selon les données publiées dans Group Dynamics: Theory, Research, and Practice.

En somme, la régression des symptômes psychopathologiques chez les patients est un objectif réalisable grâce à une combinaison appropriée de médicaments, thérapies et soutiens sociaux. En intégrant des approches personnalisées basées sur les besoins spécifiques des patients et en s'appuyant sur des outils d'évaluation rigoureux, les cliniciens peuvent parvenir à une atténuation significative des troubles mentaux.

La recherche continue à éclairer de nouvelles voies pour optimiser ces interventions, et les études futures seront cruciales pour affiner les stratégies thérapeutiques et améliorer davantage la qualité de vie des patients souffrant de troubles psychopathologiques.

• Réadaptation des individus au sein de la société avec des compétences professionnelles et sociales renforcées

La réadaptation des individus au sein de la société est un processus crucial qui vise à réintégrer des personnes ayant connu des situations d'exclusion, telles que l'incarcération, les addictions ou des troubles psychologiques, dans le tissu social et professionnel. Cette réadaptation passe par le renforcement des compétences professionnelles et sociales des individus concernés. Mais qu'entendons-nous précisément par là et comment cette réadaptation peut-elle être mise en œuvre concrètement ?

Qu'est-ce à dire ?

D'une part, la réadaptation vise à fournir les outils nécessaires pour que les individus puissent s'insérer efficacement dans le marché du travail. Cela implique le développement de compétences spécifiques liées à un métier ou secteur particulier – on parle alors de compétences professionnelles. D'autre part, il s'agit également de renforcer les compétences sociales, telles que la communication, la résolution de conflits et la gestion des émotions, qui sont essentielles pour une interaction harmonieuse avec les autres membres de la société.

Compétences professionnelles

Les compétences professionnelles se réfèrent à l'ensemble des connaissances et savoir-faire techniques requis pour exercer une activité professionnelle donnée. La réadaptation inclut des formations professionnelles, des stages et des apprentissages visant à préparer les individus à retrouver ou à trouver un emploi. Par exemple, des programmes de formation en informatique, services à la personne, ou encore en artisanat peuvent permettre aux individus de développer des compétences immédiatement transférables sur le marché du travail.

Exemple concret

Un programme de réadaptation pourrait inclure des cours de codage pour anciens détenus, les préparant de cette manière à des emplois bien rémunérés dans l'industrie technologique. Ces formations incluraient le développement de compétences techniques et des ateliers de préparation aux entretiens d'embauche et à la rédaction de CV.

Compétences sociales

En parallèle, il est indispensable de travailler sur les compétences sociales des individus pour garantir leur réintégration complète dans la société. Les compétences sociales comprennent des aptitudes telles que la communication efficace, l'empathie, la collaboration et la gestion des conflits. Le renforcement de ces compétences vise à améliorer les interactions sociales et à faciliter l'intégration dans des environnements diversifiés.

Exemple concret

Des ateliers de communication non violente peuvent aider les individus à mieux gérer leurs émotions et à construire des relations plus saines tant dans le cadre professionnel que personnel. Ces ateliers pourraient inclure des jeux de rôle, des discussions en groupe et des sessions de feedbacks constructifs.

Mécanismes concrets de réadaptation

Pour mettre en œuvre efficacement la réadaptation, plusieurs mécanismes concrets peuvent être adoptés :

Évaluation personnalisée

Au début du processus, une évaluation complète des compétences actuelles de l'individu et de ses besoins spécifiques est réalisée. Cela permet de personnaliser le parcours de réadaptation et de fixer des objectifs clairs et atteignables.

Programmes de formation et d'aide à l'emploi

Les individus bénéficient de programmes de formation adaptés à leurs capacités et à leurs aspirations professionnelles. Des partenariats avec des entreprises locales et des agences de placement peuvent faciliter leur intégration ultérieure dans le marché du travail.

Accompagnement psychosocial

Un support psychologique et social continu est indispensable pour aider les individus à surmonter les défis émotionnels et sociaux qu'ils pourraient rencontrer. Des séances de counseling, des groupes de soutien et des mentors peuvent jouer un rôle vital dans cette phase.

Suivi et évaluation

Le suivi régulier permet d'ajuster les objectifs et les méthodes en fonction des progrès réalisés. Les évaluations continues permettent d'assurer que les compétences acquises sont mises en pratique et que les individus sont sur la voie de la réinsertion réussie.

En conclusion, la réadaptation des individus dans la société avec des compétences professionnelles et sociales renforcées est un processus complexe, mais essentiel pour garantir une réintégration durable. En combinant des formations spécialisées, des ateliers de développement personnel et un accompagnement continu, il est possible de redonner aux personnes concernées les outils nécessaires pour une nouvelle vie pleine de dignité et de possibilités. La clé de cette réussite réside dans une approche personnalisée, adaptée aux besoins spécifiques de chaque individu, et dans un engagement collectif de la société pour soutenir et accueillir ces efforts de réadaptation.

• Meilleure acceptation des anciens sorciers prédateurs par la communauté grâce à des campagnes de sensibilisation

La réintégration des anciens sorciers prédateurs dans la communauté est un sujet délicat et controversé. Cette acceptation par la société peut être facilitée par des campagnes de sensibilisation efficaces. Nous explorons ci-dessous le lexème d'acceptation des anciens sorciers prédateurs et présentons des suggestions concrètes sur la manière dont les campagnes de sensibilisation pourraient contribuer à cette réintégration socio-économique.

En quoi consiste l'acceptation des anciens sorciers prédateurs ?

L'acceptation des anciens sorciers prédateurs consiste à reconnaître que malgré leurs actes passés, ces individus ont le potentiel de changer et de contribuer positivement à la société. Il s'agit d'aller au-delà des préjugés et des stigmas, et de favoriser une culture de réhabilitation et de seconde chance. Les anciens sorciers prédateurs incluent ceux qui ont reconnu leurs torts et qui se sont engagés dans un processus de réadaptation et de réconciliation avec leurs victimes et la société. L'objectif est donc de promouvoir leur réintégration tout en assurant la sécurité et le bien-être de l'ensemble de la communauté.

Comment des campagnes de sensibilisation peuvent-elles aider ?

- **Éducation et information** : les campagnes de sensibilisation doivent d'abord éduquer le public sur la nature, les causes et les conséquences de la sorcellerie prédatrice. Il est crucial de démystifier le concept et d'encourager une compréhension objective et informée. Les efforts doivent inclure des séminaires, des forums et l'utilisation des médias pour diffuser des messages clés sur le potentiel de réhabilitation.

- **Humanisation des anciens sorciers** : il est essentiel de présenter les anciens sorciers prédateurs comme des êtres humains ayant le potentiel de changer. Les témoignages personnels et les récits de réhabilitation réussie peuvent être très puissants. Ces récits aident à humaniser ceux qui ont été stigmatisés et à montrer qu'ils peuvent réintégrer la société de manière positive.
- **Programmes de réhabilitation clairs** : les campagnes doivent mettre en avant les programmes de réhabilitation existants et leur efficacité, expliquer les processus au travers desquels les anciens sorciers prédateurs passent pour se réadapter, y compris la thérapie, le *counseling* et l'intégration dans des activités communautaires bénéfiques.
- **Promotion de la tolérance et de l'inclusion** : encourager la tolérance et l'inclusion au sein de la communauté est indispensable. Les campagnes peuvent promouvoir les valeurs de pardon et de seconde chance. On pourrait organiser des ateliers et des activités communautaires pour renforcer l'esprit de communauté et la cohésion sociale.
- **Support des organisations locales et religieuses** : impliquer les leaders communautaires, religieux et les organisations locales pour soutenir publiquement les campagnes de sensibilisation. Leur influence peut être déterminante pour changer les attitudes et réduire les stigmas.
- **Transparence et dialogue** : assurer la transparence sur les actions et les comportements des anciens sorciers prédateurs réhabilités pour bâtir la confiance au sein de la communauté. Les dialogues ouverts et honnêtes entre les différentes parties prenantes peu-

vent dissiper les craintes et instaurer un climat de compréhension et de coopération.

En conclusion, l'acceptation des anciens sorciers prédateurs par la communauté est un processus complexe qui nécessite des efforts concertés et des campagnes de sensibilisation bien planifiées. En éduquant le public, en humanisant les anciens sorciers, en promouvant des programmes de réhabilitation, en encourageant la tolérance, en soutenant les organisations locales et en favorisant la transparence, il est possible de faciliter leur réintégration. Finalement, une société qui valorise la réhabilitation et la seconde chance est une société plus inclusive et plus juste.

• Renforcement des mesures de sécurité pour protéger la communauté de nouveaux délits

La sécurité de la communauté est une préoccupation essentielle pour les autorités et les citoyens. Avec l'évolution constante des menaces et des méthodes utilisées par les criminels, il devient impératif de renforcer les mesures de sécurité afin de protéger la communauté de nouveaux délits. Ce renforcement ne consiste pas seulement à ajouter des dispositifs de sécurité, mais aussi à adopter une approche holistique et proactive pour anticiper et prévenir les infractions. Cet essai se propose d'explorer ce que cela signifie concrètement et comment cela peut être mis en œuvre.

Qu'est-ce à dire ?

Renforcer les mesures de sécurité implique une série d'actions coordonnées visant à prévenir et à réduire les actes criminels. Cela comprend l'amélioration des infrastructures de sécurité, l'augmentation de la présence policière, l'utilisation de technologies avancées, ainsi que la sensibilisation et la participation active de la communauté. Ces mesures doivent être intégrées de manière systématique pour assurer une protection efficace et durable.

Comment concrètement ?

Amélioration des infrastructures de sécurité

- **Surveillance vidéo** : installer des caméras de surveillance dans les zones sensibles, telles que les lieux publics, les commerces et les résidences, permet de dissuader les criminels et de collecter des preuves en cas de délits.
- **Éclairage public** : un bon éclairage dans les rues et les parcs est crucial pour réduire les activités criminelles nocturnes et renforcer le sentiment de sécurité parmi les résidents.
- **Contrôles d'accès** : mettre en place des systèmes de contrôle d'accès dans les bâtiments publics et privés pour restreindre l'entrée aux personnes autorisées uniquement.

Augmentation de la présence policière

- **Patrouilles régulières** : augmenter le nombre de patrouilles de police, notamment dans les zones à haut risque, pour prévenir les infractions et intervenir rapidement en cas de besoin.
- **Postes de police de proximité** : créer des postes de police de proximité pour faciliter le contact et la communication entre les forces de l'ordre et la communauté. Cela permet également de mieux comprendre les préoccupations locales et d'y répondre de manière appropriée.

Utilisation de technologies avancées

- **Logiciels de prédiction de crime** : utiliser des logiciels qui analysent des données pour prévoir où et quand les crimes sont susceptibles de se produire. Ces prédictions permettent de déployer des ressources policières de manière plus efficace.
- **Systèmes d'alerte et d'information** : mettre en place des systèmes d'alerte qui informent rapidement les résidents et les autorités des situations d'urgence ou des menaces potentielles.

Sensibilisation et participation de la communauté

- ***Programmes de prévention*** : organiser des programmes éducatifs pour informer les citoyens sur les moyens de se protéger et de protéger leur communauté contre les crimes. Ces programmes peuvent aborder des sujets tels que la prévention des cambriolages, la sécurité en ligne, et la vigilance de voisinage.
- ***Collaborations citoyennes*** : encourager les résidents à participer à des initiatives de sécurité communautaire, comme les groupes de surveillance de quartier, où les voisins travaillent ensemble et avec la police pour surveiller et signaler les activités suspectes.

Formation et équipement des forces de l'ordre

- ***Formations spécialisées*** : offrir des formations continues aux forces de l'ordre pour les préparer à gérer une variété de situations, y compris les nouvelles menaces criminelles tech-savvy.
- ***Équipement moderne*** : s'assurer que les policiers disposent de l'équipement nécessaire pour mener à bien leurs missions, tel que des gilets pare-balles,

des armes non létales, et des dispositifs de communication avancés.

En somme, le renforcement des mesures de sécurité pour protéger la communauté de nouveaux délits est une nécessité inévitable face à l'évolution des formes de criminalité. En améliorant les infrastructures, en augmentant la présence policière, en utilisant des technologies avancées, et en impliquant activement la communauté, nous pouvons créer un environnement plus sûr et plus résilient. Il est essentiel que toutes ces mesures soient mises en place de manière coordonnée et cohérente pour garantir leur efficacité et pour rassurer les citoyens quant à leur sécurité. La participation collective et l'innovation restent les piliers de cette entreprise commune visant à protéger nos communautés.

- **Création d'un environnement de soutien pour prévenir les rechutes : suivi post-traitement**

La prévention des rechutes est un enjeu crucial dans la prise en charge des troubles de dépendance. Un environnement de soutien robuste, incluant un suivi post-traitement rigoureux, est essentiel pour assurer la pérennité de la guérison. Cet essai explore en détail ce concept, répond à la question « qu'est-ce à dire », et présente des mesures concrètes à mettre en œuvre pour créer et maintenir un tel environnement, dans un ton officiel et sérieux.

Qu'est-ce à dire ?

Lorsque l'on parle de créer un environnement de soutien pour prévenir les rechutes, il s'agit de mettre en place des structures et des mécanismes qui soutiennent les individus après la phase initiale de traitement de leur dépendance. Il ne suffit pas de se concentrer seulement sur le processus de désintoxication ou la thérapie primaire ; l'accompagnement doit se prolonger bien au-delà de ces étapes. Les rechutes surviennent lorsque les individus ne bénéficient plus du soutien constant qu'ils recevaient pendant le traitement initial. Par conséquent, le suivi post-traitement devient une pierre angulaire dans la prévention des rechutes.

Comment concrètement ?

Suivi médical et thérapeutique régulier

L'un des piliers de la prévention des rechutes est un suivi médical et thérapeutique rigoureux. Les consultations régulières avec des professionnels de la santé permettent de surveiller l'évolution de l'individu, d'ajuster les traitements si nécessaire, et de fournir un soutien psychologique continu. Les thérapies de groupe et individuelles donnent aux participants l'occasion de partager leurs expériences, de se soutenir mutuellement, et de rester motivés.

Programmes d'éducation et de sensibilisation

L'éducation joue un rôle prépondérant dans la prévention des rechutes. Des programmes d'éducation continue sur la nature de la dépendance, les déclencheurs potentiels, et les stratégies de gestion du stress fournissent aux individus les outils nécessaires pour identifier et gérer les situations à risque. Des ateliers et des séminaires peuvent être organisés régulièrement pour maintenir l'engagement des participants.

Groupes de soutien

Les groupes de soutien, tels que les Alcooliques Anonymes (AA) ou les Narcotiques Anonymes (NA), fournissent un cadre structuré où les individus peuvent se rencontrer régulièrement pour partager leurs expériences et leurs défis. Ces groupes offrent un sentiment d'appartenance et de compréhension mutuelle, réduisant donc le sentiment d'isolement ressenti pendant la phase post-traitement.

Implication de la famille et des amis

Le soutien familial et amical est très important dans la prévention des rechutes. Encourager les familles et les amis à s'impliquer dans les processus thérapeutiques peut renforcer les réseaux de soutien. Des sessions de conseil familial contribueraient à résoudre les conflits et à promouvoir une dynamique familiale saine et constructive.

Activités occupationnelles et de loisirs

Maintenir les individus occupés par des activités positives peut les aider à éviter les comportements à risque. Encourager la participation à des activités culturelles, sportives, ou artistiques donne de développer de nouveaux centres d'intérêt et de créer un sentiment de satisfaction personnelle et de bien-être.

Soutien logistique et pratique

Des aspects pratiques tels que l'accès à un logement stable, des opportunités d'emploi, et des services de formation professionnelle peuvent avoir un impact significatif sur la prévention des rechutes. Assurer que les personnes en post-traitement ont accès à ces ressources réduit les facteurs de stress externes qui pourraient conduire à une rechute.

Application de la technologie

La technologie peut être un outil puissant dans la prévention des rechutes. Des applications mobiles de suivi de la sobriété, des plateformes en ligne pour les groupes de soutien, et des consultations télévisées sont susceptibles d'offrir un soutien continu, même en dehors des heures de consultation traditionnelles.

Mesure et évaluation continues

Pour assurer l'efficacité des interventions mises en place, il est nécessaire d'implémenter des systèmes de mesure et d'évaluation. Recueillir des données sur les taux de rechute, les progrès des individus, et l'impact des différentes formes de support permet d'adapter et de perfectionner les stratégies au fil du temps.

En conclusion, la création d'un environnement de soutien post-traitement est une démarche complexe, mais indispensable pour prévenir les rechutes dans le cadre de la prise en charge des troubles de dépendance. En intégrant un suivi médical et thérapeutique régulier, des programmes d'éducation, des groupes de soutien, l'implication des proches, des activités occupantes, un soutien logistique, et l'utilisation de la technologie, il est possible de construire une structure de soutien holistique et efficace. L'objectif ultime est de fournir aux individus les outils et les ressources nécessaires pour maintenir leur sobriété et améliorer leur qualité de vie sur le long terme. C'est un effort collectif qui nécessite l'engagement des professionnels, des familles, et de la communauté pour assurer une prévention durable des rechutes.

2. Internement des enfants accusés de sorcellerie dans les centres d'accueil spécialisés

Le contexte historique et social de l'accusation des enfants de sorcellerie trouve ses racines dans des pratiques culturelles et croyances profondément ancrées dans certaines communautés. Ces accusations entraînent des processus judiciaires controversés et l'internement de jeunes innocents. L'impact psychologique et social sur les enfants accusés de sorcellerie est dévastateur, les marquant à vie et les isolant de leur communauté.

Pratiques culturelles et croyances

Les croyances liées à la sorcellerie qui impliquent les enfants sont variées et complexes. Elles s'appuient sur l'idée que certains enfants possèdent des pouvoirs surnaturels utilisés pour nuire.

Les centres d'accueil pour mineurs en conflit avec la loi

La question des mineurs en conflit avec la loi représente un enjeu crucial pour la société. Ces jeunes, confrontés à des problématiques juridiques et sociales, ont besoin d'une prise en charge particulière. Le contexte juridique et social actuel met en évidence la nécessité d'approches qui dépassent la simple punition, en privilégiant la rééducation et la réinsertion. Les centres d'accueil pour mineurs jouent donc un rôle fondamental dans cette dynamique en cherchant à répondre de manière constructive aux défis posés par cette population.

Objectifs des centres d'accueil

Les centres d'accueil pour mineurs ont pour principal objectif la rééducation des jeunes en conflit avec la loi. Contrairement à une vision punitive, ils s'efforcent de fournir un cadre propice à la réflexion et à l'évolution personnelle. Ces structures visent ainsi à favoriser la réinsertion sociale et professionnelle des jeunes, en leur offrant des services adaptés : soutien psychologique, formation professionnelle, activités éducatives, etc.

Services proposés

- Soutien psychologique pour adresser les problématiques individuelles.
- Formation professionnelle visant à faciliter l'intégration sur le marché du travail.
- Activités éducatives pour développer des compétences sociales et cognitives.

Défis et critiques

Malgré leurs objectifs louables, les centres d'accueil pour mineurs font face à des défis considérables. Les critiques concernent notamment leur capacité à répondre efficacement aux besoins de chaque jeune, compte tenu de ressources parfois limitées. De plus, l'efficacité de ces centres dans le temps reste sujette à discussion, avec une récidive qui demeure un enjeu de taille. Ces problématiques soulignent l'importance d'une remise en question et d'une adaptation continue des approches pédagogiques et d'accompagnement.

Exemples de réussites

Certains centres d'accueil pour mineurs se distinguent par des parcours de réinsertion réussis. À travers des études de cas et des témoignages, il est possible d'observer des jeunes qui, grâce à un accompagnement adapté et personnalisé, ont réussi à surmonter leurs difficultés et à s'orienter positivement. Ces réussites constituent des modèles inspirants et renforcent l'idée que la rééducation et l'accompagnement structuré peuvent mener à une réelle différence dans la vie de ces adolescents.

Perspectives d'avenir

L'avenir des centres d'accueil pour mineurs semble s'orienter vers des innovations et des réformes visant à améliorer leur efficacité. L'intégration de nouvelles approches pédagogiques, l'accentuation de la personnalisation des parcours de réinsertion et le renforcement de la collaboration avec les acteurs locaux sont parmi les pistes envisagées. Ces évolutions, en répondant mieux aux besoins individuels des jeunes, pourraient offrir des perspectives plus prometteuses pour leur avenir et celui de la société dans son ensemble.

3. Projet d'exorcisme continental au Congo belge : libération du sort de l'Afrique

L'histoire coloniale du Congo belge, marquée par la tyrannie du roi Léopold II, a laissé une empreinte indélébile sur le continent africain. Il paraît donc essentiel d'explorer comment un projet d'exorcisme symbolique pourrait permettre de libérer l'Afrique de cette emprise historique. La partie qui suit propose une approche pragmatique, axée sur la mise en œuvre d'une cérémonie d'exorcisme pour restaurer la dignité de ce continent.

Contexte historique

Au XIXe siècle, Léopold II de Belgique a établi un régime colonial brutal au Congo, exploitant les ressources et la population locale. Ce passé colonial a engendré des souffrances profondes et a transformé la perception des Africains à l'égard d'eux-mêmes. Ce que nous considérons aujourd'hui comme un héritage toxique nécessite une reconnaissance et une guérison collective.

Le sort du continent noir

Il paraîtrait que le sort de l'Afrique a été scellé par les colons, et cette affirmation n'est pas une métaphore, mais un fait réel. Les conséquences de cette période s'étendent bien au-delà des frontières du Congo. Le déclin économique, les conflits internes et la perte d'identité culturelle illustrent l'urgence d'un retour à des racines saines et authentiques.

Proposition de contenu pour la cérémonie d'exorcisme :

Accueil solennel

La cérémonie devrait débuter par un accueil chaleureux des participants représentant diverses nations africaines, symbole d'unité et de solidarité. Cela pourrait inclure des chants traditionnels pour instaurer une ambiance de célébration et de cohésion.

Rituel de purification

Un rituel de purification avec de l'eau bénite et des herbes médicinales, aux significations spirituelles pour renforcer l'intention de libération, devrait suivre. Cela symbolise la volonté de nettoyer les conséquences négatives du colonialisme.

Invocation des ancêtres

Inviter les ancêtres à se joindre à l'événement serait un moment puissant. Des prières et des témoignages sur les luttes passées pourraient aider à établir un lien entre le présent et le passé, invitant sagesse et force.

Cercle de partage d'histoires

Un cercle de partage où les participants pourraient exprimer leurs expériences et leurs histoires de la colonisation jusqu'à aujourd'hui. Ce partage favoriserait un processus de guérison collective par la reconnaissance des souffrances partagées.

Engagement pour l'avenir

Enfin, l'exorcisme devrait se conclure par un engagement collectif vers un avenir meilleur, symbolisé par un acte solennel, tel que la plantation d'un arbre ou l'allumage d'une flamme, représentant l'espoir et la renaissance du continent.

En résumé, réaliser un projet d'exorcisme au Congo belge peut sembler ambitieux, mais celui-ci est en phase avec un besoin fondamental d'affronter notre passé. Une telle démarche constitue une voie vers la réconciliation, permettant aux Africains de déclarer leur indépendance non seulement des chaînes physiques, mais également des empreintes psychologiques laissées par des siècles d'oppression. Ensemble, libérons l'Afrique de son envoûtement et tournons-nous vers un avenir radieux !

4. Construction d'une prison des sorciers « caïds » sur le site Mer-Lagune-Fleuve

Dans le cadre de notre exploration des mystères entourant le monde des sorciers, nous nous penchons sur un sujet captivant : la construction d'une prison des sorciers « caïds » sur le site enchanteur de la rencontre entre la mer, la lagune et le fleuve.

Le lieu de la rencontre : un espace chargé de symboles

Le site où la mer caresse la lagune et où le fleuve serpente n'est pas qu'un simple paysage naturel. C'est une métaphore puissante des forces en présence dans le monde de la magie. Ce territoire, bercé par les vagues et les courants, représente à la fois la liberté et la captivité. La construction d'une prison pour sorciers « caïds » à cet endroit spécifique soulève donc la question de l'équilibre entre ces deux pôles. D'un côté, nous avons l'évasion symbolisée par la mer et le fleuve, et de l'autre, la réclusion associée à la prison.

La prison des sorciers caïds : une nécessité ou une utopie ?

Les caïds sorciers, détenteurs de savoirs ancestraux et souvent redoutés, nécessitent un lieu de détention qui ne soit pas uniquement architecturalement impressionnant, mais aussi symboliquement chargé. En nous inspirant de nos recherches, nous pouvons imaginer une prison qui fait écho aux légendes des sorciers. Ce serait un endroit où la magie s'entrelacerait avec des murs de pierre, où chaque pierre raconterait une histoire, et où les fables locales prendraient vie. Cette prison pourrait aussi servir à réhabiliter ces sorciers, leur offrant une chance de se racheter et de retourner à la communauté.

Une architecture magique au service de la réinsertion

Pour construire une telle prison, il faut envisager une architecture qui ne soit pas oppressante, imaginer un bâtiment fait de matériaux naturels, imbriqués harmonieusement dans le paysage. Les murs, couverts de végétation et de symboles magiques, pourraient contribuer à restaurer une connexion avec la nature et l'esprit des ancêtres. De plus, la prison devrait intégrer des espaces où la méditation et la reconnexion à soi soient possibles, favorisant ainsi la réinsertion plutôt que la simple punition.

Les défis de la mise en place

Néanmoins, ce projet ambitieux présente plusieurs défis. Comment garantir la sécurité des lieux tout en préservant la dimension magique et accueillante ? Quel type de gardiens serait-il approprié pour surveiller ces lieux tout en respectant la spécificité des prisonniers ? Cela requiert une réflexion approfondie sur la manière d'intégrer les savoirs des sorciers dans le quotidien des gardiens, afin d'aboutir à un dialogue entre les deux parties.

La perspective des habitants

Il est essentiel d'inclure la voix des habitants de la région. Que penseraient-ils de ce projet ? Une prison de sorciers pourrait-elle enrichir leur culture locale ou susciter des craintes ? En engageant un dialogue transparent avec la communauté, on pourrait alors explorer les avantages et les inconvénients perçus de cet aménagement. Les résidents pourraient également être impliqués dans la conception de la prison, ajoutant une dimension participative et collective au projet.

En conclusion, la construction d'une prison des sorciers caïds sur le site de la rencontre Mer-Lagune-Fleuve est un dessein qui mérite d'être envisagé avec soin et créativité. En nous appuyant sur nos réflexions, nous pouvons envisager un lieu qui ne soit pas seulement une structure de détention, mais un espace de transformation, de réhabilitation et de réinsertion. Cette ambition représente une occasion unique d'allier magie, culture et responsabilité sociale, tout en célébrant le riche héritage des sorciers de notre histoire. Imaginer une telle prison, c'est rêver d'un monde où la magie et la réalité peuvent coexister en harmonie.

5. Construction d'une école d'avatars pour les découvertes technologiques

La technologie transforme notre monde à une vitesse vertigineuse, et l'éducation doit suivre ce rythme effréné. Imaginer une école d'avatars, un lieu où la magie de l'apprentissage rencontre les merveilles de la technologie, nous ouvre des horizons inexplorés. Cette école, que nous pourrions faire figurer comme le fruit d'un sorcier en quête de connaissances, devra être bâtie sur des fondements solides, à la fois théoriques et pratiques.

Plan de construction de l'école

Nous allons définir les grandes lignes du projet de construction de cette école d'avatars. En combinant espaces physiques et virtuels, nous concevrons des locaux modulables, adaptés aux diverses disciplines technologiques. Les salles de classe seront dotées de dispositifs de réalité augmentée et virtuelle, offrant aux étudiants une immersion totale dans des environnements d'apprentissage interactifs. Par ailleurs, des laboratoires spécialisés en robotique, intelligence artificielle et programmation seront aménagés afin de stimuler l'expérimentation et encourager l'innovation.

Organisation et mécanismes de fonctionnement

L'organisation de cette école sera à la fois flexible et rigoureuse. Les programmes d'études seront adaptés aux évolutions rapides de la technologie. Un système de classes mixtes permettra à des élèves d'âges différents d'apprendre ensemble, encourageant le mentorat entre pairs. Des soirées de démonstration et des hackathons réguliers mettront tous les apprenants dans une mentalité créatrice, où le savoir est partagé et enrichi par des expériences concrètes.

Objectifs pédagogiques et stratégiques

Les objectifs pédagogiques de cette école viseront à cultiver la curiosité, la créativité et la maîtrise des compétences nécessaires à la connaissance technologique. Les élèves seront formés à utiliser les technologies et à les concevoir. En termes stratégiques, l'école s'orientera vers une pédagogie qui valorise les compétences transversales, telles que le travail en équipe, la résolution de problèmes et la pensée critique.

Modalités d'accès

Pour garantir un accès équitable à cette école d'avatars, diverses modalités d'admission seront mises en place. Cela inclura des bourses d'études pour les étudiants méritants ainsi que des programmes de sensibilisation dans des quartiers défavorisés. Nous nous engagerons à briser les barrières technologiques, en fournissant des outils et ressources à tous les apprenants, indépendamment de leur origine.

Contenu de la formation

Le contenu de la formation sera aussi diversifié que riche. Les cours couvriront des sujets allant des bases de la programmation aux tissus complexes des réseaux neuronaux. Les élèves auront la possibilité de développer des projets tangibles, transformant leurs idées en réalités technologiques. Des modules spécifiques sur l'éthique de la technologie et son impact sur la société seront également intégrés pour garantir que nos futurs créateurs de technologie soient conscients de leur responsabilité sociale.

Débouchés et perspectives d'avenir

Enfin, les débouchés après avoir suivi une formation dans cette école d'avatars seront variés et prometteurs. Les diplômés pourront s'orienter vers des carrières dans la Tech, l'ingénierie, la recherche ou même l'entrepreneuriat. Grâce à leurs compétences polyvalentes, ils seront capables de s'adapter à un marché du travail en constante évolution. De plus, les partenariats avec des entreprises technologiques et des institutions académiques permettront de faciliter les stages et l'insertion professionnelle.

Pour conclure, l'école d'avatars que nous imaginons sera un incubateur de découvertes technologiques, un lieu où le savoir se mêle à la magie de l'innovation. Par sa conception unique et ses valeurs inclusives, elle se positionnera comme un modèle pour une éducation moderne, capable de sortir des sentiers battus et de préparer les esprits curieux de demain.

Depuis des siècles, l'Homme a cherché à comprendre et à maîtriser ce qui lui échappait. Autrefois, cette quête s'exprimait à travers la sorcellerie, domaine de savoirs mystérieux où l'invisible dictait les lois du monde. Aujourd'hui, cette fascination se traduit autrement : la technologie est devenue le nouvel outil pour repousser les limites de l'imagination et transformer la réalité.

Dans cette école d'avatars, il ne s'agit plus d'invoquer des forces occultes, mais de manipuler les avancées scientifiques et numériques pour ouvrir de nouvelles perspectives. Ce que l'on considérait jadis comme surnaturel trouve désormais une explication rationnelle et se matérialise sous forme d'innovations. L'apprentissage y devient une expérience immersive, où les anciens enchantements cèdent la place aux algorithmes et aux intelligences artificielles.

Ce projet est avant tout une invitation à repenser la frontière entre le savoir ancien et les découvertes modernes. Il ne s'agit pas d'opposer la magie et la science, mais d'explorer comment l'un peut inspirer l'autre. Car si la technologie nous permet aujourd'hui d'accomplir des prouesses autrefois inimaginables, n'est-ce pas là une forme de magie adaptée à notre époque ?

CONCLUSION

LE SORCIER ET LA PRISON : RÉFLEXIONS SUR LA VÉRITABLE RÉHABILITATION

Ce livre nous plonge dans un univers où la sorcellerie et la justice se rencontrent, posant des questions essentielles sur la place du sorcier dans notre société contemporaine. À travers cette analyse, nous découvrons que les prisons classiques ne sont pas le lieu approprié pour confiner un sorcier, surtout un coupable de délits de sorcellerie de prédation.

Le sorcier, par essence, est un être en lien étroit avec les forces mystiques. Enfermé derrière des barreaux de fer, il conserve des capacités qui pourraient lui permettre d'agir à distance, même depuis sa cellule. Les conditions mystiques requises pour neutraliser un sorcier ne se trouvent pas dans nos établissements pénitentiaires actuels. En outre, la réhabilitation et la réinsertion sociale demandent des processus spécifiques que la prison ne peut pas offrir. La plupart des établissements pénitentiaires sont structurés autour d'un modèle strict de punition, en négligeant parfois les véritables besoins de réintégration des individus dans la société.

Aussi, l'idée selon laquelle « la chasse aux sorcières par le bûcher » est dépassée demeure particulièrement pertinente. Dans un monde moderne où nous prônons l'égalité et la justice, il est essentiel de revendiquer une approche « par l'audition » plutôt que par la persécution violente. Cette approche permet d'explorer les motivations derrière les actes des sorciers et de comprendre les racines de leur comportement.

Les prisons, telles qu'elles sont conçues aujourd'hui, ne sont pas habilitées à mener ce type d'audition. Elles ne disposent pas des ressources nécessaires pour traiter des cas complexes liés à la sorcellerie. Au lieu de cela, elles renforcent l'isolement et le désespoir, qui ne font qu'aggraver la situation. La majorité des détenus sortent de prison sans avoir reçu le soutien requis pour éviter de retourner à des pratiques illégales ou nuisibles.

Dans cette optique, le livre propose des alternatives innovantes et pragmatiques. Il met en avant la nécessité de créer des structures adaptées qui intègrent des experts capables de dialoguer avec les sorciers. Ces espaces pourraient offrir des programmes de désintoxication spirituelle, des sessions de médiation avec la communauté et des formations sur l'utilisation éthique de la sorcellerie. Ainsi, nous pourrions espérer une véritable réinsertion, fondée sur la compréhension et non sur la sanction.

Les véritables paramètres de la resocialisation reposent donc sur l'éducation, la communication et l'empathie. En opposant nos structures actuelles à une vision plus ouverte et accueillante, nous pourrions transformer notre approche de la sorcellerie. Au lieu de craindre ces individus, nous devrions chercher à les comprendre et à travailler ensemble pour construire une société plus solide et inclusive.

En somme, l'ouvrage nous guide vers une réflexion essentielle : la sorcellerie ne doit pas être mise sous verrou et clé. Les prisons traditionnelles ne possèdent ni les moyens ni le cadre pour traiter ces cas de manière adéquate. Il est temps d'abolir les méthodes archaïques de répression et de privilégier des voies de réhabilitation fondées sur l'écoute et la compréhension. La société doit évoluer en adoptant des méthodes de traitement plus humaines, tout en préservant les mystères de la sorcellerie. En fin de compte, la place d'un sorcier n'est pas derrière des barreaux, mais au cœur d'un processus de dialogue et de guérison communautaire.

RÉFÉRENCES BIBLIOGRAPHIQUES

1. Amselle, Jean-Loup (2020). *La magie au temps des prisons*. Paris : Éditions Verdier.
2. Charpentier, Lucas (2022). *La résistance des sorcières à l'ère moderne*. Dijon : Éditions de l'Aube.
3. Delacroix, Juliette (2023). *Transgressions magiques dans les lieux de détention*. Paris : Éditions PUF.
4. Dupont, Sylvie (2021). *Prison et spiritualité : entre désespoir et espoir*. Marseille : Éditions de l'Observatoire.
5. Guibert, Claire (2019). *Sorcières et libertés : un regard contemporain*. Paris : Éditions du Cerf.
6. Lefebvre, Emmanuel (2021). *La révolte et la magie : récits et pratiques*. Paris : Éditions La Découverte
7. Martin, Alice (2022). *Pouvoirs et enchantements dans les prisons modernes*. Lyon : Éditions O. Reilly.
8. Rousseau, François (2018). *Les incantations libératrices : quand la magie défie l'autorité*. Paris : Éditions Flammarion.
9. Moreau, Thomas (2020). *Entre magie et loi : étude des résistances*. Paris : Éditions Payot.
10. Vidal, Clara (2021). *Sorcellerie en milieu carcéral : une fascination moderne*. Arles : Éditions Actes Sud.

TABLE DES MATIÈRES

Structures éditoriales du groupe L'Harmattan

L'Harmattan Italie
Via degli Artisti, 15
10124 Torino
harmattan.italia@gmail.com

L'Harmattan Hongrie
Kossuth l. u. 14-16.
1053 Budapest
harmattan@harmattan.hu

L'Harmattan Sénégal
10 VDN SICAP AMITIE 3
BP 45034 Dakar-Fann
direction@senharmattan.com

L'Harmattan Cameroun
Tsinga/Derrière polyclinique FECAFOOT
BP 11486 Yaoundé
Jacques.koukam@harmattan.fr

L'Harmattan Burkina Faso
Villa 281, secteur 23 623, rue 14.32
Ouagadougou
zagbie@outlook.fr

L'Harmattan Guinée
Almamya, rue KA 028 OKB Agency
BP 3470 Conakry
harmattanguinee@yahoo.fr

L'Harmattan RDC
185, avenue Nyangwe
Commune de Lingwala – Kinshasa
matangilamusadila@yahoo.fr

L'Harmattan Congo
219, avenue Nelson Mandela
BP 2874 Brazzaville
deunovmikhael@gmail.com

L'Harmattan Mali
Immeuble Mgr Jean Marie Cissé
Aci Hamadallaye
BP 145 Bamako
syllaka@yahoo.fr

L'Harmattan Togo
Djidjole – Maison Amela
face EPP BATOME
02 BP 20680 Lomé
didieramela11@gmail.com

L'Harmattan Côte d'Ivoire
Résidence Karl – Cité des Arts
Abidjan-Cocody
03 BP 1588 Abidjan
harmattan.ivoire@gmail.com

L'Harmattan Bénin
Rue 604, (Immeuble à l'entrée
de la rue UCAO- Cite de Saint-Jean)
Cotonou
stepcorpus@gmail.com

Nos librairies en France

Librairie internationale
16, rue des Écoles
75005 Paris
librairie.internationale@harmattan.fr
01 40 46 79 11
www.librairieharmattan.com

Librairie des savoirs
21, rue des Écoles
75005 Paris
librairie.sh@harmattan.fr
01 46 34 13 71
www.librairieharmattansh.com

www.ingramcontent.com/pod-product-compliance
Lightning Source LLC
LaVergne TN
LVHW010944061026
849535LV00007B/2569
* 9 7 8 2 3 3 6 5 4 9 9 2 7 *